UMBERTO FORTIS

D1719214

JUDEN UND
SYNAGOGEN

VENEDIG

FLORENZ

ROM

LIVORNO

PRAKTISCHER
FÜHRER

75 FARBFOTOS

Library of Congress Catalog Card. Number 72-93070
© Copyright 1973 - N.E. 1984 by EDIZIONI STORTI - VENEZIA
Printed in Italy - All Rights reserved

Die hier vorgeschlagene Route will einen Zugang zu den bedeutendsten und größten jüdischen Gemeinschaften in Italien öffnen. Sie streift die wichtigsten alten und neuen Synagogen und die Museen; sie kann bequem in die allgemeine Besichtigung der vorgeschlagenen Städte eingebaut werden und ermöglicht eine ganz neue Blickrichtung innerhalb der touristisch sonst so vertrauten Städte.

Die Begegnung mit dem Getto kann für einen Juden zur Wiederentdeckung einer Vergangenheit werden, für Nicht-Juden ist es zweifellos ein hochinteressanter Blick in eine fremde Welt.

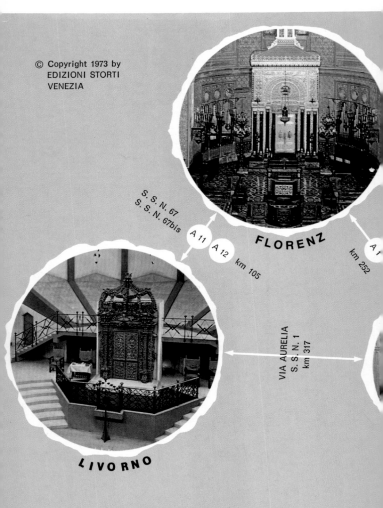

S. S. N. 67
S. S. N. 67bis

A 11   A 12   km 105

FLORENZ

A 1
km 252

VIA AURELIA
S. S. N. 1
km 317

LIVORNO

Titelseite: Das antike Ostia: Architrav mit jüdischen Symbolen.

VENEDIG: Das Getto – Die fünf großen Synagogen, die zu den ältesten noch erhalten gebliebenen gehören (S. 32 ff.). Das Museum jüdischer Kunst (S. 69).
FLORENZ: Der «Tempio Maggiore» (S. 77 ff.) in maurischem Stil.
LIVORNO: Der hochmoderne «Tempio Maggiore» (S. 93 ff.).
ROM: Der «Tempio Maggiore» (S. 101 ff.) in assyrisch-babylonischem Stil; die «Mostra Permanente» der Gemeinschaft (S. 119).
OSTIA: Die älteste, heute bekannte Synagoge überhaupt (S. 123 ff.).

A 4   A 13   A 1

km 214

VENEDIG

ROM

VIA
DEL MARE
km 28

VIA
CRISTOFORO
COLOMBO
km 31

DAS ANTIKE OSTIA

Venedig: Museum der jüdischen Kunst: der Thiq – Schrein zur Aufbewahrung der Thorah-Rollen.

DIE JUDEN IN ITALIEN

Unter allen Ländern, in denen die Juden in ihrer Diaspora lebten, war Italien sicherlich jenes Land, in dem sie am relativ ruhigsten und sichersten leben konnten. Wenn es auch hier traurige Kapitel gab, Haß und Gewalt, so kam es doch nie zu den grausamen Verfolgungen, unter denen die Juden in anderen Ländern Europas zu leiden hatten. Es gab zwar judenfeindliche Verordnungen, Verleumdungen und Einschließungen in Gettos, aber oft existierten diese Bestimmungen nur in der Theorie und wurden nicht oder kaum in die Praxis umgesetzt. Diese Bedingungen, die nicht unbedingt judenfeindliche Umgebung und das relativ problemlose Zusammenleben mit dem italienischen Volk begünstigten im Laufe der Jahrhunderte die wirtschaftliche, künstlerische und kulturelle Entwicklung einiger jüdischer Gemeinschaften, die dann wieder positiv auf die Entwicklung des Gastlandes zurückwirkte. Diese Gemeinschaften schafften etwas, was die Juden sonst nirgends zustandebrachten: obwohl sie aus aller Herren Länder stammten, mit verschiedenen Sitten und Bräuchen, wuchsen sie hier zu festen Gemeinschaften zusammen und spalteten sich nicht in einzelne Splittergruppen auf, sie unterhielten sogar in einigen Fällen feste Beziehungen von Stadt zu Stadt. Obwohl die ersten Beziehungen zwischen den Juden und Italien bis in die Zeit der Makkabäer zurückreichen (II. Jh. v. Chr.), als die Gesandten des Judas Maccabäus nach Rom kamen, und in der darauffolgenden Zeit wahrscheinlich einige Hebräer nach Italien kamen, aus politischen und wirtschaftlichen Gründen, so bildete sich die erste Gemeinschaft in Rom doch erst zur Zeit des Pompejus, als Jerusalem erobert wurde, (I. Jh. v. Chr.); es waren Sklaven und freigelassene Kriegsgefangene, die rasch zu Handwerkern und Händlern aufstiegen. Zu diesem ersten Kern stießen bald die Juden, die von Titus nach der Zestörung des Tempels (70 n. Chr.) nach Rom verschleppt worden waren.

In den ersten Zeiten des römischen Kaisertums waren ihre Lebensbedingungen ganz leidlich, auch in den süditalienischen Gemeinschaften, die sich nach dem Vorbild der «Synagogai», der kleinen römischen Gemeinschaften, in Bari, Otranto und Venosa bildeten. Vorübergehende Verfolgungen gab es unter Tiberius und Claudius. Die etwa 30.000 Juden in Rom (zwischen Trastevere und Porta Capena) wurden oft mit den Christen verwechselt, und ihre geistigen Einflüsse waren bald zu spüren: nicht wenig Römer konvertierten zum Judentum, tief beeindruckt von ihrem Brauchtum, der Sabbath-Ruhe, der Beschneidung, dem starken inneren Zusammenhalt. Aber es fehlte auch nicht an verständnislosem Haß, der ihren für heidnische Augen so merkwürdigen Bräuchen entgegengebracht wurde. Immerhin lebten die Juden in eigenen Gemeinschaften, hatten ihre eigenen Oberhäupter und Rabbiner und eigene Friedhöfe in den Katakomben, deren Reste noch zu sehen sind: berühmt sind jene von *Vigna Randanini*, von *Monteverde* oder der *Via Appia*, wo wir Gedenksteine (heute im Museum) nicht nur mit typisch jüdischen Namen, sondern auch mit den üblichen Emblemen sehen. Bedeutende Gemeinschaften gab es aber nicht nur in Rom, sondern auch in Ravenna, Mailand und im südlichen Italien sowie auf

Tracht der deutschen Juden im Mittelalter.

Tracht eines deutschstämmigen Kaufmanns aus Padua.

Tracht eines levantinischen Juden in Venedig.

Tracht eines Wanderhändlers im Venedig des XVIII. Jh.s

den Inseln. Die ersten Schwierigkeiten ergaben sich mit dem Erstarken des **Christentums**, was die jüdische Freizügigkeit beschränkte und zu Gewaltanwendungen des Volkes gegen jüdische Gotteshäuser führte.

Mit der Teilung des Reiches verschlimmerte sich die Situation, da die judenfeindlichen Bestimmungen des Ostreiches auch in Italien angewendet wurden. Die darauffolgende **Völkerwanderung** brachte zwar Angst und Schrecken, aber keine Verfolgung, im Gegenteil, während der Gotenherrschaft suchte Kaiser Honorius sich die Juden freundlich zu stimmen, indem er ihre Riten und den Sabbath respektierte und viele Vorschriften lockerte, und der Gotenkönig Theoderich versuchte die Juden zwar zu bekehren, aber er gebot stets, wie auch seine Nachfolger, jeder judenfeindlichen Maßnahme Einhalt. So blieb es aber nicht lang, denn nachdem Justinian den Gotenkrieg beendet hatte (535) und Byzanz wieder weite Teile von Italien beherrschte, kam auch die oströmische antijüdische Gesetzgebung wieder nach Italien und verschlechterte die Lage der Juden. Aber auch die Unterdrückung dauerte nicht lange, denn die Langobarden, die 568 eingefallen waren, bekehrten sich selbst zwar zum Christentum, verfolgten aber weder die Juden noch zwangen sie sie zur Taufe. Seitdem steht das italienische Judentum eigentlich unter dem zunehmender Einfluß der päpstlichen Politik.

Juden aus Mantua im XV. Jh. mit dem «Judenzeichen».

Papst Gregor der Große war ihnen freundlich gesinnt, wenn er die jüdische Religion auch ablehnte; aber er stellte sich gegen jede Gewaltanwendung und gegen die erzwungegen Taufen, trat für die Erhaltung der alten Rechte ein und verbot den Juden lediglich, christliche Sklaven zu halten. Da jedoch einige Grundbesitzer auf diese Arbeitskräfte angewiesen waren, wäre es denkbar, daß hier einer der Gründe zu suchen ist, warum die Juden sich mehr und mehr vom Ackerbau abwendeten und dem Handel widmeten.

Obwohl der Klerus ihnen feindlich gesinnt war, standen sie doch unter dem Schutz Karls des Großen, der, als er sein Reich auf Italien ausdehnte, sogar ein eigenes Amt einrichtete, das über die zivilen und kommerziellen Rechte der Juden zu wachen hatte. Während der karolingischen Herrschaft ist daher keine Verfolgung der Juden in Mittel – und Norditalien bekannt, was die Bildung der Gemeinschaften von Pavia und Venedig ermöglichte; aber auch im byzantinischen Italien war die Situation erträglich, da der Leibarzt des Kaisers Basilius I., Shefatiah Amittai für seine Religionsgefährten einen Schtzbrief erreichen konnte; auch unter den Normannen hatten die Juden nicht zu leiden, wenn man von den hohen Steuern absieht, die sie zu entrichten hatten.

So blühte, vor allem unter den Ottonen (X. Jh.) in den Gemeinschaften von Rom oder Bari, Otranto oder in Sizilien, die jüdische Wissenschaft auf, und einige gelehrte italienische Juden wurden in ganz Europa berühmt: so vor allem Josef ben Gurion, der Verfas-

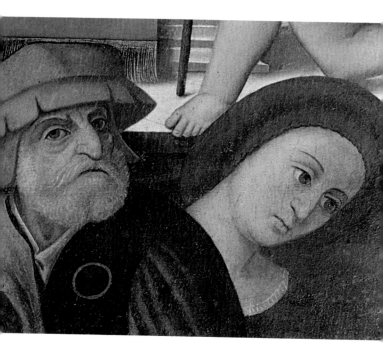

ser einer Chronik namens Josippon, die Mitglieder der Familie A-mittai und, auf dem wissenschaftlichen Gebiet, Shabetai Donolo von Oria. Mit dem Aufkommen des Feudalismus gerieten die Juden aber in die Abhängigkeit von weltlichen oder geistlichen Feudalherren, und ihre Situation wurde unsicher und wechselhaft. Aber selbst in der Zeit der Kreuzzüge, als sich die Lage der Juden wegen des gewalttätigen religiösen Fanatismus sehr verschlechterte, konnten sie, zwar eingeschränkt, aber doch relativ sicher leben, da sie in Rom am Papsttum eine Stütze hatten und im Süden einen einträglichen Handel, vor allem mit Seide, aufgebaut hatten. Diese Handelsbeziehungen ermöglichte auch die Niederlassung der Juden in den italienischen Seerepubliken, die sich zu Großmächten entwickelt hatten, vor allem Venedig, wenn diese Stadt auch den Juden, um ihre eigenen Handelsinteressen zu wahren, vorerst die dauernde Aufenthaltsgenehmigung verweigerte.

In den beiden letzten Jahrhunderten des Mittelalters (XIII.-XIV. Jh.) konnten also insgesamt die Juden, wenn sie auch eine verachtete Minderheit bildeten, im großen und ganzen ein ruhiges Leben führen; oft wurden sie von den Mächtigen wegen ihres Wissens herangezogen und manchmal waren sie für das wirtschaftliche Leben eines Ortes unentbehrlich, wegen ihrer Geschicklichkeit und ihres Handelssinnes. Ihr Sein oder Nichtsein hing aber inzwischen am Papsttum. Und im IV. Laterankonzil (1215) erließ Papst Innozenz III., obwohl er gleichzeitig einige alte Rechte bestätigte, die Bestimmung, daß die Juden getrennt von der restlichen Bevölkerung zu wohnen hätten und ein Erkennungszeichen tragen müßten, sei dies nun ein spitzer Hut, ein gelber oder roter Streifen am Gewand oder, was am häufigsten vorkam, einen gelben Kreis an der linken Schulter. Zur gleichen Zeit war die Lage der Juden im Sizilien von Friedrich II., der allen kulturellen Einflüssen offen war, ausgesprochen gut, und die gelehrten Juden hatten den gleichen Zugang zur Wissenschaft wie alle anderen auch; ihre Lage verschlimmerte sich jedoch unter den folgenden Königen und Päpsten, wenn ihre wirtschaftliche Macht sie auch stets vor dem Ärgsten bewahrte, etwa vor der Feindseligkeit des Karl von Anjou, der die judenfeindlichen Predigten der Dominikaner förderte, oder vor Papst Bonifaz VIII. (1295-1303).

Im XIV. Jh. nahm die Anzahl der in Italien ansässigen Juden erheblich zu, da viele deutsche, und vor allem aus ihrer Heimat vertriebene französische Juden zuwanderten.

Während der Avignonesischen Gefangenschaft des Papsttums (1305-1377) und der Anjou-Herrschaft in Süditalien war das Judentum zwar fortwährender Unterdrückung und Verleumdung ausgesetzt, so wurde ihm vorgeworfen, die Hostien zu entweihen oder Riten mit Menschenopfern zu feiern, trotzdem gelang es ihm, weitere Gemeinden zu gründen, Handel zu treiben, seine Kultur weiterzuentwickeln, vor allem brachte das Judentum vorzügliche Ärzte hervor, und sich im großen und ganzen vor Gewalt und gewaltsamer Bekehrung zu schützen. In Norditalien, wo eine zentrale Regierung fehlte, war es vor allem der Handel, der die Lebensbedingungen der Juden in den einzelnen Städten diktierte. So durften sie unter bestimmten Bedingungen und gegen hohe Steuern in Venedig

Rom. Der Portico d'Ottavia, der alte Porticus Octaviae.

Venedig, Museum der jüdischen Kunst: Eine «Milah» (Beschneidung) im späten XVIII. Jh. (Detail).

Venedig, Museum der jüdischen Kunst: Eine «Milah» im späten XVIII. Jh.

leben, und auch in Padua konnten sie eine reiche Gemeinde gründen, die sich vor allem dem Handel und dem Bankwesen widmete. In dieser ganzen Epoche konnten sie eine Fülle von Berufen ausüben: sie waren Landbesitzer im Süden, geschickte Weber und Färber, gewiefte Händler, vor allem im Seegeschäft, im Norden; die Bibel- und Talmudstudien blühten, in der liturgischen und profanen Dichtung hinterließen sie berühmte Namen, so Jeshajah von Traini, Beniamino 'Anau von Rom, Calonimos ben Calonimos, ein gebürtiger Provenzale, der jedoch sein Leben in Italien zubrachte, und vor allem Immanuel Romano, ein Dante-Epigone.

Im Humanismus und in der frühen Renaissance änderten sich die Lebensbedingungen der Juden deutlich, da sich ihre Lebensrundlage änderte. Die Kirche verbot nämlich ihren Gläubigen streng den Geldverleih mit Zinsnahme, den «Wucher», und die Juden konzentrierten sich also immer mehr auf dieses Geschäft. Ihre Pfandleihen wurden immer höher geschätzt oder tiefer verflucht, je nach den Umständen. Das Papsttum, das mit dem großen Schisma zu kämpfen hatte, führte ein teilweise widersprüchliche Politik, einerseits erließ es judenfeindliche Bestimmungen, andrerseits führte es sie wieder nicht aus. Martin V. war judenfreundlich, zeitweise auch Eugenius IV. und Innozenz VIII. Vorübergehend dachten die Juden sogar daran, einige Gemeinden zu einer größeren Organisation zusammenzuschließen (Padua, Ferrara, Bologna etc.).

In Norditalien blühten die Gemeinden von Venedig auf, wo die Juden zwar eine hohe Steuer zahlen und das Abzeichen tragen mußten, ihrPfandgeschäft aber für die ärmere Bevölkerung eine wichtige und positive Einrichtung war; ferner jene von Ferrara, die von der im großen und ganzen recht liberalen Politik der herrschenden Este profitierten; von Florenz, wo die Medici die Juden in den Pfandverleih offen einbezogen; sodann jene von Turin, Casale und Moncalvo, wo sich vor allem die französischen Einwanderer niederließen.

Im Süden machte sich aber allmählich die judenfeindliche Gesetze der Spanier bemerkbar, und obwohl der jüdische Handel weiter aufblühte und die Juden sogar 1489 ein eigenes Parlament erhielten, konnte 1492 die Ausweisung und der Einzug der Güter nicht verhindert werden. Größer noch war die Gefahr, die von den heftigen Predigten der Mönche ausging, vor allem von den Predigten des Bernardino da Feltre, der die Juden religiös verketzerte, ihnen rituelle Menschenopfer anhängte und das Volk gegen sie aufhetzte; und gefährlich waren die sogenannten «Monti di Pietà», die den Pfandverleih behinderten. Trotzdem erreichte gerade in jener Zeit die jüdische Geisteskultur einen neuerlichen Höhepunkt: erwähnt seien Ovadiàh da Bertinoro, der große Reisende und Exeget, der in Israel verstarb, weiter Elia del Medigo in Florenz, zu dessen Schülern auch Pico della Mirandola zählte; ferner der Dichter und Dante-Epigone Mosè da Rieti; und mit der Erfindung des Buchdrucks entstanden zahlreiche Druckereien, die für die Veröffentlichung jüdischer Bücher sorgten.

Das Jahr 1492 brachte allerdings für die italienischen Juden eine tragische Wende: durch das berüchtigte Dekret Ferdinand des Katholischen, das alle Juden aus Spanien und aus allen spanischen Besitzungen vertrieb, kamen viele Flüchtlinge nach Italien, wo ihnen

Venedig. Museum der jüdischen Kunst: eine «Chanukjàh».

Venedig. Museum der jüdischen Kunst: eine «Paròkheth» mit einer Darstellung der Juden in der Wüste.

infolge der religiösen Hetzpredigten der Mönche eine Welle des Hasses entgegenschlug. Die Juden wurden der infamsten Verbrechen bezichtigt: die Brunnen zu vergiften, rituelle Menschenopfer zu feiern, Epidemien zu verbreiten und ähnliches mehr. Sie mußten viele Städte verlassen, ihre Güter wurden eingezogen; in anderen Städten jedoch waren sie wirtschaftlich unentbehrlich geworden, und so wurde ihnen zwar der Besitz von Immobilien und die Ausübung eines Handwerkes verboten, und sie mußten in abgesonderten, mit Mauern umgebenen Vierteln leben, aber sie durften weiterhin bleiben und sich dem Kleinhandel, dem Verleihgeschäft oder der Medizin widmen. Sie verloren zwar die Bewegungsfreiheit, wenn sich auch die Absonderung für sie nicht nur also negativ erwies: sie konnten sich so besser gegen die Gewalttätigkeit der breiten Massen wehren, eine innere Geschlossenheit finden und ihre Tradition besser bewahren. So begann jener geschichtliche Abschnitt, der ungefähr drei Jahrhunderte dauerte und durch die Absonderung im Getto gekennzeichnet wird. Die erste Stadt, die den Juden ein bestimmtes Viertel zuwies, war Venedig, und da es sich in der Nähe von Gießereien (= getto, im venezianischen Dialekt) befand, bürgerte sich für die Judenviertel bald ganz Italiens der Begriff «Getto» ein. Das geschah 1516 und bald nach der schrecklichen Bulle Papst Pauls IV., 1555, zogen alle anderen Städte nach. Jedes Getto besaß seine eigenen Synagogen, die sogenannten «Scole», seine Rabbiner, seine Lehrer, seine sozialen Einrichtungen, kurzum, es war eine kleine geschlossene Welt, wo alte Sitten und Gebräuche überleben konnten, wo man eine eigene Mundart sprach, ein Gemisch aus Hebräisch und den lokalen Sprachen, schon um von fremden Ohren nicht verstanden zu werden, und wo die Juden lediglich nach dem jeweiligen Ritus getrennt wurden. Die verbreitetsten Riten waren (und sind es noch heute) die folgenden drei: der *italienische* Ritus, der von den ersten Juden stammte, die sich in Rom, im Süden oder auf den Inseln niedergelassen hatten und von dort aus in den Norden geflüchtet waren und weitere Gemeinden gegründet hatten; der *spanische* Ritus, auch *sephardischer* Ritus genannt, den die Flüchtlinge aus Spanien und Portugal (nach 1492) mitgebracht hatten, und der *deutsche* oder *ashkenasiche* Ritus, der bei den mitteleuropäischen Juden, die vor den Verfolgungen nach Italien flüchteten, gebräuchlich war, und teils auch bei den franko-provenzalischen Juden, die nach den Ausweisungen des XIV. Jh.s nach Italien kamen. Jedes größere Getto hatte allerdings einen dominierenden Ritus: die piemontesisch-lombardischen Gemeinden folgten zumeist dem deutsch-italienischen Ritus; die Gemeinden im Veneto waren zuerst auch deutsch-italienisch, wurden aber später überwiegend spanisch; die emilianischen Gemeinden folgten dem deutsch-spanischen, die toskanischen dem italielinschen Ritus. Eine Ausnahme war Livorno, wo der sephardische Ritus vorherrschte. Rom war lange Zeit rein italienisch, wurde aber, da es viele Flüchtlinge aus dem spanisch beherrschten Süden aufnahm, nach dem XV. Jh., auch spanisch.
Das Leben in den Gettos war nicht leicht: Raum war wenig vorhanden, und die Häuser mußten in die Höhe gebaut werden, was Einsturzgefahr, Brand- sowie Seuchengefahr mit sich brachte. Dabei

waren die Juden stets dem Hohn und Spott des niederen Volkes ausgesetzt, wenn sie in den Gettos wenigstens vor Übergriffen sicher waren, obwohl Plünderungen gelegentlich vorkamen. Die Absonderung beeinträchtigte aber keineswegs das Geistesleben, das sich besonders in reichen Gemeinden regte: im XVIII. Jh. wurde Leon da Modena in Venedig berühmt, und Livorno entwickelte sich zum Zentrum des jüdischen Buchdrucks. Aber der Jude blieb stets ein verachteter, der Freiheit unwürdiger Außenseiter; in jener Zeit entstand das landläufige Klischee vom jüdischen Händler und Wucherer, der stets hinter dem eigenen Vorteil her ist, stets an das Geschäft denkt, schlecht gekleidet und schlau ist und näselnd spricht, kurzum vom krummnasigen Juden, dem schlechthin «anderen» in einer wohlgeordneten Gesellschaft, der als «ungläubiger» darin keinen Platz hat. Die Situation war sicherlich nicht in allen Städten gleich: Livorno, das nach Rom die zweitgrößte Gemeinde hatte, kannte überhaupt nie ein Getto, während der «Serraglio» von Rom, wo das Papsttum nahe und schicksalentscheidend war, sicherlich das schlimmste Getto war, das es je gab; in den Gettos von Florenz oder Venedig konnten die Juden relativ ruhig leben, wenn diese Ungestörtheit auch einen hoher Preis hatte.

Es war sicherlich dies die typischste Periode der jüdischen Geschichte in Italien, davon erzählen noch die wenigen erhalten gebliebenen Synagogen, die Bücher und Manuskripte, die den vielen öffentlichen, von der Kirche veranlaßten Bücherverbrennungen entgangen sind, oder die Kultgegenstände, die heute in den Museen der großen Gemeinden aufbewahrt werden.

Als die Gettos aufgehoben wurden, zwischen dem XVIII. und XIX. Jh., verlief die Geschichte der Juden im großen und ganzen gemeinsam mit dem Schicksal der jeweiligen Staaten, in denen sie sich aufhielten. Der Haß verebbte allmählich, wenn er auch nie erlosch. Im Jahr 1782 erließ der Habsburger Joseph II. das Toleranzedikt, das sich an den Prinzipien der Aufklärung orientierte, 1791 gewährte das revolutionäre Frankreich den Juden völlige rechtliche Gleichstellung. Die eigentliche Emanzipation begann aber im Jahr 1848. König Karl Albert nahm sie in seine Verfassung auf, und die Juden engagierten sich überall im «Risorgimento», in der Bewegung für die Einigung Italiens, in der sie heldenhaft mitkämpften, bis 1870 endlich auch Rom fiel und die Tore dieses Gettos endgültig eingerissen wurden.

Seitdem ist der Jude ein Staatsbürger wie jeder andere auch, mit gleichen Rechten und gleichen Pflichten. Einige Juden bekleideten hohe Staatsämter, andere wurden hervorragende Wirtschaftsexperten oder Wissenschaftler. Große Synagogen entstanden in Florenz (1882), in Rom (1904), in Turin, Triest, beinahe als Symbol der wiedererlangten Freiheit, und der Gefahr der Assimilation zum Trotz hielten die Gemeinden fest zusammen und hingen zäh an ihrer Tradition, bis der Nationalsozialismus eine neue und tragische Verfolgungswelle ins Rollen brachte. Aber trotz der Tausende von Opfern überlebte das italienische Judentum und vermochte es, erneut aufzublühen.

Venedig. Campo di Ghetto Nuovo (Detail).

DIE SYNAGOGE

Im Verlauf der Jahrhunderte entwickelte sich die jüdische Kunst stets in enger Relation zur Geschichte und zu den Wanderungen des Volkes einerseits, und zur Tradition und zu den kultischen Notwendigkeiten andererseits. Diese beiden Faktoren haben die jüdischen Ausdrucksformen stets tief geprägt und beeinflußt.

Solange der Tempel von Jerusalem stand, war er – auch in architektonischer Hinsicht, – das einzige und höchste Symbol jeden künstlerischen Ausdrucks, aber nach seiner Zerstörung (70 n. Chr.) und während der darauffolgenden Diaspora fächerte sich die jüdische Kunst in verschiedene Formen auf, wenn auch das einzige architektonische Kunstwerk der jüdischen Kultur einzig die **Synagoge** blieb. Sie entstand ursprüglich als eigene Institution neben dem Tempel, als Versammlungsort der verschiedenen Gemeinden, erhielt aber in der pharisäischen Bewegung erhöhte Bedeutung. Das Pharisäertum war eine volkstümliche Bewegung, die dem Studium des Gesetzes besondere Bedeutung zumaß, und dementsprechend wichtig waren daher die Orte, wo das Volk zusammenkommen konnte und sich diesen Studien hingab. Nach der Zerstörung des Tempels waren es wieder die Pharisäer, die aus der Synagoge einen heiligen Ort machten, an dem neben dem Studium auch das Gebet gepflegt wurde, sodaß die Synagoge schließlich zum einzigen Zentrum einer Gemeinde, vor allem in der Diaspora, wurde.

So erfüllte die Synagoge also von alters her **drei** Aufgaben: erstens war sie, vor allem: **Beth ha Kenéseth**, Versammlungsraum und Gebetshaus, wo jeder Jude seine Gebete sprach oder einem **Chazàn**, einem Vorbeter, zuhörte, und seine rituellen Waschungen vornahm. Dafür war ein eigener Raum für das Bad (Miqwéh) mit einer Wanne oder einer marmornen Verkleidung vorgesehen. Zweitens war die Synagoge **Beth Midràsh**, Studienort, wo man sich versammelte und unter der Leitung eines Rabbiners die Thoràh (Lehre) studierte oder im Rahmen eines kleinen Tribunals, wofür oft ein eigener kleiner Raum zur Verfügung stand, Fragen des Ritus entschied. Diese beiden Aufgaben, die eine Synagoge zu erfüllen hatte, erklärt auch die vielen kleine Räume, die es in jeder Synagoge neben dem eigentlichen Kultraum gibt. Und schließlich erfüllte die Synagoge noch eine soziale Funktion: sie war das Zentrum des alltäglichen Lebens, oft auch das Zentrum des wirtschaftlichen Lebens einer Gemeinde, wo sich deren Mitglieder trafen und Handel trieben. Die Juden waren in Gemeinschaften gegliedert, die «Scole» genannt wurden, und auch, als der Terminus Bedeutung wechselte, blieb dieser Name die einzige Bezeichnung für die Synagogen selbst, vor allem in Italien (z.B.: die «Scola Spagnola» in Venedig oder die «Scola Catalana» in Rom).

Erst in neuerer Zeit, nach der Emanzipation, verlor die Synagoge die meisten ihrer Funktionen und wurde lediglich Gebetshaus, und erst seitdem heißt sie allgemein «Tempel» (z.B. der «Tempio Maggiore» in Rom oder der «Tempio» in Florenz).

Bau und Ausstattung der Synagogen mit Kultgegenständen und sakralen Einrichtungen waren die einzigen Ausdrucksmöglich keiten der jüdischen Kunst, da dem Juden aufgrund des bekannten Gebotes die Darstellung der menschlichen Gestalt verboten ist. Die jüdische Kunst ist daher ausschließlich religiöse Kunst, und da es keine rein jüdische Bautradition gab, lehnten sich die Juden beim Bau ihrer Synagogen immer an die Baukunst ihrer Gastländer an, wenn sie auch stets darauf bedacht waren, daß ein Anklang an den Tempel von Jerusalem erhalten blieb und daß die vorgegebene Struktur ihren Bedürfnissen angepaßt wurde. In den Zeiten des schlimmsten Judenhasses versuchten die Juden zudem, die Synagogen möglichst unauffällig zu gestalten, um die nichtjüdische Bevölkerung nicht zu reizen und um Gewaltakte gegen den Bau zu verhüten.

Das gilt besonders für das Mittelalter und für die Getto-Zeit, in der die Juden höchst einfache Räume als Synagogen ausstatteten, meist schlichte viereckige Zimmer, in die die beiden Hauptgegenstände eingefügt wurden: der **Aròn**, der Heilige Schrein, der stets gen Osten gerichtet sein muß, und in dem die heiligen Rollen der Thoràh (Serfarim) aufbewahrt werden. Diese Rollen werden zu bestimmten Feierlichkeiten, am Sabbath und an Feiertagen, hervorgeholt und vorgelesen. Und zweitens befand sich darin die Bimàh, die Kanzel, von der der Chazàn, der Vorbeter, seine Gebete vorspricht, oder der Rabbiner seine Predigten hält.

Im Gegensatz zur äußerlichen Schlichtheit waren die Synagogen im Inneren hingegen stets äußerst prachtvoll dekoriert und mit kostbaren Gegenständen eingerichtet. Die reichen Familien spendeten häufig große Summen, vor allem seit dem XVI. Jh., für die Dekoration von Synagogen und «Oratorien», Gebetshäusern, sodaß einige Bauten nach ihnen benannt sind (z.B. die «Scola Luzzato» in Venedig oder das «Oratorio dei Gallico» in Rom). Andere schenkten den Synagogen kostbare Behälter aus Silber für die Thoràhrollen, die oft von den berühmtesten Goldschmieden jener Zeit geschmiedet waren. Die Frauen stickten kostbare Teppiche und Vorhänge für den Heiligen Schrein (Parokhiòth), die sie dann der Synagoge, der sie angehörten, als Geschenk übereigneten. Jeder diese Teppiche ist ein Beispiel typisch jüdischer Kultur. Erst nach der Emanzipation entstanden, zum Zeichen der wiedergewonnenen Freiheit, eigene Synagogen bauten, die sich, um jede Ähnlichkeit mit einer christlichen Kirche zu vermeiden, verschiedenen exotischen Baustilen zuwandten: dem asiatischen, dem assyrisch-babylonischen, dem maurischen, bis hin zu den Diktaten der modernen Architektur.

Die typologische Entwicklung der Synagoge als Zentrum einer jüdischen Gemeinde, hauptsächlich in der Diaspora, ist ziemlich komplex. Allen Bauten gemeinsam ist die Ausrichtung jenes Flügels, in dem der Aròn, der Heilige Schrein, untergebracht ist, gegen Jerusalem, dem Sitz des Tempels und dem ideellen Zentrum des Judentums. Und gerade diese Ausrichtung unterscheidet auch alle Synagogen; eine weitere Unterschiedlichkeit, natürlich neben den jeweiligen Grundrissen, liegt in der Position der Bimàh, der Kanzel, die im Zentrum des Kultraumes oder dem Aròn gegenüberliegen kann.

In den ersten Jahrhundertesn unserer Zeitrechnung kann man drei Typen von Synagogen unterscheiden:

a) die Synagogen, die im II. – III. Jh. n. Chr., entstanden und fast ausnahmslos in Galilea zu finden sind (Kapharnaum, Korazìm, Kefr Bir'im): ihre Fassade ist gegen Jerusalem ausgerichtet, der Grun-

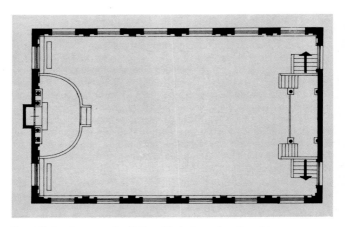

Grundriß einer Synagoge des III. Typs (Scola Spagnola – Venedig).

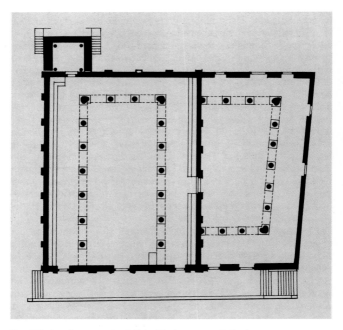

Grundriß einer Synagoge des I. Typs (Kapharnaum – Galilea).

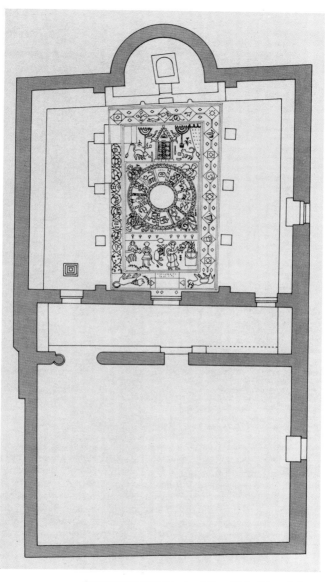

Grundriß einer Synagoge des II. Typs (Beth Alpha – Galilea).

nella Interno della Scuola della Nazione Ebrea di Livorno, e le Parti Laterali della medema

Livorno – die zerstörte Synagoge: Innenansicht (von einer Zeichung aus dem XVIII. Jh.).

driß ist mehr oder weniger regelmäßig, der Innenraum durch Säulen abgeteilt, die sich oft entlang von drei Seiten entwickeln, ohne jedoch eine Einteilung in Schiffe zu erzeugen, sondern eher einer schachbrettartigen Effekt erzeugen. Die Fassade hat drei Eingänge, der zentrale ist häufig monumental angelegt. Längs der Wände sind Bänke für die Gläubigen angebracht, während die Frauen wahrscheinlich auf den Matronäen Platz nahmen, die von den Säulen getragen wurden. Hinter der Stirnmauer ist ein kleiner Raum eingelassen, in der der – oft transportable – Aròn Platz findet, was wiederum den Haupteingang unbrauchbar macht und einen Nebeneingang auf der Längsseite notwendig werden läßt. Die Aula wird oft von einem offenen, mit einem Portikus umgebenen Hof flankiert. Ein Charakteristikum ist die meist gemeißelte Dekoration, und die rein geometrischen Muster, wenn es sich um eine Mosaik-Dekoration handelt. Diese Synagogen sind meist keine originellen Bauten, da die Architektur entweder der syrischen oder der hellenistischen Tradition entlehnt ist.

co loro Loggiati e tutti gl'arredi Esteriori della med^{ma} che servono ad uso di stili e p^r illuminarle

Fatta a Sienna da me Mosè di Josph Del Cenle in Livorno 13 Luglio

b) Diese Synagogen gehen auf das IV. – VIII. Jh. zurück und entstanden ebenfalls fast alle in Galilea, (Beth Alpha, Ma'on, Kanaan). Sie haben einen länglichen Basilika-Grundriß mit einer Apsis in der Stirnwand. Der Innenraum ist durch zwei Säulenreihen in drei Schiffe eingeteilt, die mit einem eigenen Eingang versehen sind. Gegen Jerusalem blickt nicht mehr die Fassade, sondern natürlich die Stirnwand mit der Apsis, in der sich der Aròn befindet. Der ist inzwischen unverrückbar geworden und steht an einer vom Eingang her gesehen günstigen Stelle, was die Unbequemlichkeiten der Synagoges vom ersteren Typ beseitigt. Die Bimàh befand sich wahrscheinlich in der Mitte des Kultraumes oder an einen zentralen Pfeiler angelehnt. Ein Charakteristikum dieser Synagogen sind die herrlichen Mosaikböden mit figürlichen, oft symbolischen Darstellungen, die nach der Reform des Rabbi Abùn (IV. Jh.) mit gewissen Einschränkungen auch den Juden erlaubt waren.

c) Diese Synagogen entstanden ungefähr zur gleichen Zeit wie die letztgenannten und finden sich so ziemlich überall (Dùra Europos, Priene, Eshtemoa'): dieser Synagogentyp wird allgemein «à la Broadhouse» genannt, hat einen vorwiegend rechteckigen Grundriß und keine Säulen mehr, die den Raum abteilen. Nach Jerusalem blickt eine Längsseite, und dementsprechend befindet sich dort der Aròn. Der Eingang liegt auf der gegenüberliegenden Längsseite oder auf einer der beiden kurzen Flanken. Die Bimàh kann die verschiedensten Positionen haben. Vor dem eigentlichen Kultraum befindet sich fast immer einer kleiner Vorraum, der meist reich dekoriert ist, mit Fresken an den Wänden, meist Darstellungen biblischer Szenen, und Mosaikfußböden.

In den folgenden Jahrhunderten entwickelte sich die Synagoge auf einen einfacheren, dafür aber oft originelleren Baustil zu. Im Mittelalter kann man in der Fülle der Variationen aber immerhin noch zwei Gruntypen unterscheiden, wanigstens bei den europäischen Gebäuden:
a) einen zweischiffigen Typ, der durch eine zentrale Säulenreihe charakterisiert wird. Der Aròn steht an der Stirnwand und die Bimàh befindet sich normalerweise in der Nähe der Zentralsäulen;
b) den sogenannten «Gewölbetyp», der architektonisch die einfachere Lösung darstellt. Es ist ein länglicher Raum mit dem Aròn entweder an der Stirnwand oder in der Mitte einer Längsseite. Die Bimàh befindet sich dementsprechend an der gegenüberliegenden Seite, kann aber auch in der Mitte des Raumes stehen.

Diese etwas ungewöhnlichen Bautypen, wenigstens in der religiösen Baukunst des Abendlandes, wurden eben wegen ihrer Ungewöhnlichkeit verwendet, um nur ja keine Verwechslungsmöglichkeit mit christlichen Kirchen zu ermöglichen. Deswegen wurde auch meist auf eine gar zu üppige Dekoration verzichtet, wenn der Raumschmuck auch niemals fehlte, wie etwa die Prager Synagoge oder die berühmte Synagoge von Worms beweisen.

Von allen antiken und mittelalterlichen Synagogentypen war der sogenannte Broadhouse-Typ sicherlich der einfachste und zugleich originellste Bautyp des Judentums. Er wurde im Lauf der Jahrhunderte mehrfach modifiziert, Aròn und Eingang, die sich immer gegenüberliegen müssen, wurden schließlich auf die beiden Kurzseiten fixiert und in dieser Form erreichte dieser Synagogentyp in der italienischen Renaissance seine höchste Blüte. Fast alle alten Synagogen Oberitaliens, vor allem aber Venedigs, gehören zu diesem Typ, dessen strenge und ruhige Linienführung beinahe ein Symbol der unwandelbaren Ewigkeit Gottes darstellt. Die beiden wesentlichen Elemente des Kultraumes, der Aròn und die Bimàh, Sitz des göttlichen Wortes und Sitz des menschlichen Wortes, das sich an seinen Gott richtet, sind durch eine ideelle Linie miteinander verbunden, nämlich durch eine Doppelreihe von Bänken, die sich längs der Wände hinziehen.

In Venedig finden sich wesentliche Abweichungen von diesem Grundschema, wenn die Grundlinien auch gewahrt bleiben. Diese Abweichungen sind allen venezianischen Synagogen gemein: sie befinden sich stets, außer den beiden sephardischen "Scole", in Wohnhäusern oder jedenfalls schon früher erbauten Gebäuden, stellen also nie ein eigenes Gebäude dar. Sie sind nach außen hin stets unscheinbar, um nicht als Synagogen erkannt zu werden, im Inneren aber überaus prachtvoll ausgestattet. Der eigentliche Gebetsraum befindet sich immer im Obergeschoß, niemals im Erdgeschoß, wo vielmehr ein großes Atrium untergebracht ist, das vermutlich für Versammlungen gedacht war, oder auch als Studien und Wartesaal, da es mit Bänken längs der Wände ausgestattet war. Um dieses Atrium herum waren verschiedene Räumlichkeiten angeordnet. In den ältesten Synagogen befand sich auch im Obergeschoß, vor dem eigentlichen Gebetsraum, ein kleines Atrium. Typisch für alle diese Synagogen ist jedenfalls das Element der Treppe. Der Kultraum hat immer ein Matronäum, das elliptisch sein kann, also der Raumstruktur folgt, oder auch galerieartig über dem Eingang untergebracht ist. Der Aròn zeigt immer eine komplexe Struktur, stets leicht vorspringend, während die Bimàh immer erhöht und immer prachtvoll dekoriert ist. Prachtvoll dekoriert war auch stets die Decke. Venedigs Synagogen waren zudem, was nicht weiter verwunderlich ist, oft nachgeahmte Vorlagen für die Gemeinden Oberitaliens, vor allem natürlich des Veneto.

Diese Charakteristiken wurden, wenn auch in vielfältigen Abwandlungen, immer wieder beachtet, außer in einigen wenigen Ausnahmen (z.B. bei der heute zerstörten Synagoge von Livorno), und zwar bis herauf zur Judenmanzipation. Als dann die Synagogen wieder als eigene Baulichkeiten entstehen durften, folgten sie oft einer äußerst seltsamen Architektur, oft einem typischen Mischstil, wie etwa die Synagoge von Rom, die sich an einem assyrisch-babylonischen Stil orientiert, oder die Synagoge von Florenz, die maurische Einflüsse zeigt. Der modernen Architektur ist hingegen die neue Synagoge von Livorno verpflichtet.

Venedig, Ghetto Nuovo: Außenansicht.

VENEDIG

Synagogen:	Ghetto Vecchio: Campiello delle Scuole
	Ghetto Nuovo: Campo di Ghetto Nuovo
Museum:	Campo di Ghetto Nuovo
Büro der Gemeinde:	Ghetto Vecchio 1188, Tel.: 715012
Koscheres Restaurant:	c/o Casa Riposo Israelitica
	Ghetto Nuovo 2874, Tel.: 716002

DIE JUDEN IN VENEDIG

Als Beniamino da Tudela, ein gelehrter spanischer Kaufmann, gegen Ende des XI. Jh.s die wichtigsten jüdischen Gemeinden Italiens bereiste und darüber eine ausführliche Reisebeschreibung verfaßte, wird Venedig, und überhaupt die Städte des nordöstlichen Italiens, kaum erwähnt, was darauf hinweist, daß zu diesem Zeitpunkt die jüdische Gemeinschaft in der Lagunenstadt noch völlig unbedeutend war.

Das heißt allerdings nicht, daß keine Juden da waren, im Gegenteil: archäologische Funde und sichere Dokumentationen weisen Juden in Aquileja, Grado und Concordia mindestens seit dem IV. – V. Jh. n. Chr. nach. In den Städten hingegen taten sich die Juden schwer. So sah Venedig, gerade in seiner Phase des wirtschaftlichen Aufschwungs, der allein dem Osthandel zu verdanken war, in der Tätigkeit der jüdischen Kaufleute eine gefährliche Konkurrenz. Im Laufe des X. Jh.s verbot der venezianische Senat sogar ausdrücklich den Transport von Juden oder jüdischen Waren auf venezianischen Schiffen. Einzig «deutsche» Juden, die hauptsächlich aus Mitteleuropa kamen, durften sich in der Nähe der Stadt niederlassen und sie waren auch der erste Kern der späteren Gemeinde. Sie beschäftigten sich hauptsächlich mit Geldleihe und Geldverkehr und waren also für den Hafen keine Gefahr. Als jedoch Venedig im Laufe des XI. und XII. Jh.s endgültig zum wichtigsten, wenn nicht einzigen Zentrum des Levantehandels geworden war, mußte es, wiederum im Interesse des Geschäfts, den Händlern in der Stadt den Aufenthalt erlauben, und nicht nur das: auch die Eröffnung von Magazinen, Büros und Lagerräumen war unvermeidlich, und sicherlich waren unter den Kaufleuten auch Juden. Von dieser frühen Zeit weiß man allerdings nicht viel. Jüngste Untersuchungen lassen es als sicher erscheinen, daß Venedig den Juden eine ständige Niederlassung nie einräumte: alle Dokumente, die bisher als Nachweis einer solchen frühen Niederlassung in der Stadt angesehen wurden, erwiesen sich als nicht stichhaltig, da sie entweder aus späteren Jahrhunderten stammten oder sich auf andere Städte, nicht auf Venedig, bezogen. Dasselbe gilt im großen und ganzen auch für das XIV. und XV. Jh. In dieser Zeit trat in der Geschichte der italienischen Juden eine Wende ein: die Pfandleihe entstand, die den Christen verboten, und den Juden, unter gewissen Einschränkungen, erlaubt war.

Nun beobachtet man Bewegung in Norditalien: Aus dem Norden wanderten «deutsche» Juden ein, mehr noch war der Zuzug -italienischer» Juden aus Mittel- und Süditalien. So entstanden in der Nähe von Venedig, in Padua, Treviso, Bassano und Conegliano Veneto kleine Judengemeinden, die hauptsächlich die Pfandleihe betrieben, während Venedig selbst, eifersüchtig auf seine Unabhängigkeit bedacht, den Juden die Einreise untersagte. Dafür entstand eine weitere Judengemeinde in Mestre. Ein enziges Mal erlaubte die Republik jüdischen Pfandleihern aus Mestre die "condotta", die offizielle Aufentlaubnis in der Stadt selbst, und zwar kurz nach dem Krieg von Chioggia, als die Stadt mit wirtschaftlichen Schwierigkeiten zu kämpfen hatte und flüssiges Geld brauchte, um ihre Finanzen zu sanieren. Damals durften sich die "deutschen" Juden für fünfzehn Jahre, 1382-1397, in der Stadt niederlassen. Venedig wollte den Juden damit sicherlich keinen Gefallen tun, es war vielmehr eine Notwendigkeit für die ärmere Bevölkerung der Lagunenstadt, die nun im Fall der Not den Pfanddienst der Juden in Anspruch nehmen konnten: die Pfandhäuser hießen denn auch prompt «banchi dei poveri», also «Armenbanken», und seine eigene Behörde, die «Sopraconsoli», überwachte deren Tätigkeit. Das war der erste Kern der später großen Gemeinde, wenn auch die Aufenthaltserlaubnis für ein weiteres Jahrhundert noch eine unsichere Sache war: so wurde zwar im Jahr 1386 ein Grundstück auf dem Lido, bei San Nicolò, den Juden für die Errichtung eines jüdischen Friedhofes überlassen, aber bereits 1397 hob der Große Rat die Pfandhäuser auf, da eine Reihe von Rechtswidrigkeiten vorgefallen waren, und verwies die Juden der Stadt. Für die jüdische Gemeinde in Venedig begann nun eine schwierige Zeit, aber die antijüdischen Verfügungen waren nie drastisch: sie mußten zwar ein Abzeichen tragen, einen gelben Kreis oder einen Hut aus rotem Tuch, aber die Ausweisung wurde bald in eine beschränkte Aufenthaltserlaubnis (höchstens fünfzehn aufeinanderfolgende Tage, ein Tag Abwesenheit ermöglichte die Verlängerung um weitere vierzehn Tage) umgewandelt. Der Besitz von Immobilien wurde ihnen untersagt, aber ihren Handel durften sie ungestört fortsetzen. Zu Gewaltanwendungen kam es nie, und zwei Viertel wurden weiterhin durchaus von Juden bewohnt. Nicht nachweisbar ist jedoch die landläufige Überlieferung, daß die Insel der «Giudecca», die bis 1254 «Spinalunga» hieß, ihren Namen den «giudei», also den Juden verdankt; kein Dokument weist darauf hin. Ebensowenig ist übrigens auch eine zweite Überlieferung gesichert, wonach der Name sich venezianischem Ausdruck «iudegà» = giudicato (= verurteilt) herleiten soll.

Diese Situation zog sich bis in die zweite Hälfte des XV. Jh. s hin, dann beschloß der Rat der Zehn, auf Anraten des Kardinals Bessarione, den Juden das Recht zu dauerndem Aufenthalt zu gewähren, wenn sie dafür das Judenzeichen tragen würden, sich einer ständigen Kontrolle unterwerfen wollten und auf Besitz von Immobilien verzichteten.

So begann für die venezianischen Juden eine, wenn auch nur kurze, Periode relativer Sicherheit, während ihre Glaubensbrüder im restlichen Veneto viel unter der heftigen judenfeindlichen Kampagne der Dominikanermönche zu leiden hatten, und zudem machten ihnen die «Monti di pietà» zu schaffen, die gegen ihre Pfandhäuser gegründet worden waren.
Diese Ruhe mußte allerdings teuer bezahlt werden, denn der Staat forderte überaus hohe Abgaben.

Große Gefahr drohte der jüdischen Gemeinde Venedigs aber im frühen XVI. Jh.: Die Liga von Cambrai, der die wichtigsten Mächte Italiens angehörten, hatte der Serenissima 1509 eine schwere Niederlage beigebracht, was zu erheblichen inneren Spannungen in der Stadt führte.

genheit, das Volk aufzuhetzen und die Ausweisung aller Juden aus Venedig zu verlangen. Die Juden verteidigten sich durch ihre angesehensten Vertreter, die auf die wirtschaftliche Nützlichkeit der Juden für Venedig hinwiesen und auch die hohen Steuern geltend machten, die an den Staat gezahlt würden. Venedig ging auf einen Kompromiß ein und verfiel auf jene Lösung, die später von fast allen Städten nachgeahmt werden sollte: es verwies die Juden nicht des Landes, sondern erlaubte ihnen den Aufenthalt, jedoch in einem ihnen allein zugewiesenen Viertel, abgesondert von der übrigen Bevölkerung.

So wurde den Juden, nachdem die Inseln der Giudecca und Murano als mögliches Judenviertel abgelehnt worden waren, ein Gebiet in der Nähe von S. Gerolamo zugewiesen, wo sich eine Gießerei (venezianisch: Getto) und weitläufige Materialdepots befanden. So entstand, 1516, das «Ghetto», das erste seiner Art in Italien. Siebenhundert Juden, in der Mehrheit «Deutsche», aber auch einige «Italiener» ließen sich hier nieder, während die wenigen bereits ansässigen Einwohner umgesiedelt wurden. Die weniger wendigen Juden übernahmen die Pfandhäuser, die für die ärmere Bevölkerung Venedigs eine Notwendigkeit waren, und die der ständigen Aufsicht einer Behörde, «Cattaver» genannt, unterworfen waren, sowie hohe Abgaben und ständig steigende Steuern zu zahlen hatten. Geleitet wurde diese Einrichtung vom tüchtigen Anselmo del Banco, einer unumstrittenen Autorität. Schon 1534 konnten sich die Juden aber in sogenannte «Università» organisieren, kleine unabhängige Gemeinschaften mit eigener Verwaltung, eigenem Rabbiner, eigener Synagoge. So geht der Bau der Scola Grande Tedesca auf die Jahre 1529-29 zurück, die somit die älteste

Venedig. Die Inschrift am Eingang zum Ghetto Vecchio.

34

und sicher auch schönste Synagoge Venedigs ist, und die Scola Canton entstand 1531-32.

Die restlichen Juden, d.h. die levantinischen Kaufleute, die später in "viandanti" (= Reisende) und "habitanti (= Wohnende, Bleibende) unterschieden wurden, waren für Venedigs Seehandel zu wichtig; sie wurden zwar der Aufsicht der «Cinque Savi alla Mercanzia», einer Handelsbehörde, unterstellt, genossen aber von Anfang an eine bevorzugte Behandlung, wenn sie auch im «deutschen» Viertel ihren Wohnsitz nehmen mußten, wo sie, nach einer mündlichen Überlieferung, im Jahr 1538 in der Nähe des Getto ihre herrliche «Scola Levantina» erbauten. Im Jahr 1541 schließlich wurden auch sie gettoisiert, und zwar wurde ihnen das Gebiet des sogenannten Ghetto Vecchio zugewiesen, das neben dem Ghetto Nuovo liegt. Die «spanischen» Juden wiederum, die auch «Ponentini», d.h. «Westjuden» genannt wurden, und die nach der Austreibung aus Spanien 1492 nach einigem Hin und Her in Venedig aufgenommen worden waren, da sie mit ihrer Erfahrung und wegen der vielfältigen Beziehungen zu venezianischen Händlern für die Seerepublik einen wirtschaftlichen Vorteil darstellten, wurden erst 1589 gettoisiert, und zwar wurde ihnen das Gebiet der «Levantiner», also das Ghetto Vecchio zugewiesen. Der Raum wurde dadurch knapp, und die Juden waren gezwungen, die Häuser immer stärker in die Höhe zu bauen, was schließlich die venezianischen «Wolkenkratzer» ergab. Trotzdem was das Cinquecento für die Juden eine relativ güngstige Zeit: ihr Handel entwickelte sich positiv und die Zahl der jüdischen Reeder erhöhte sich merklich,

Venedig. Das «Beth-Midràsh» von Leon da Modena.

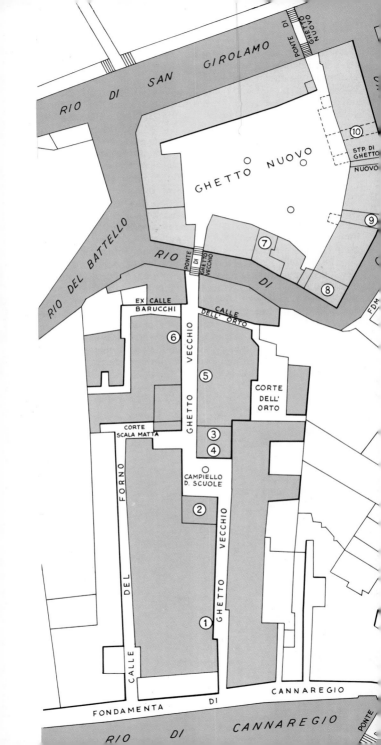

PLAN DES GETTOS VON VENEDIG

was vor allen Dingen ein verdierst von Daniele Rodriguez war, und auch unter dem Gesichtspunkt der Kunst war es eine glückliche Zeit, denn es entstanden zwei weitere Synagogen, die Scola Spagnola, die größte Synagoge Venedig, und die Scola Italiana. Auch kulturell tat sich viel, denn in dieser Zeit entstand der jüdische Buchdruck, zuerst in der Werkstatt von Daniel Bomberg, der ungefähr zweihundert hebräische Werke druckte, und später in den nicht weniger berühmten Druckereien des Giustinian, des Alvise Bragadin und des Vendramin: das alles wog den Verlust der Freiheit ein wenig auf.

Die Blütezeit der jüdischen Gemeinde Venedigs war aber sicherlich, natürlich immer in den vorgegebenen Grenzen, das frühe Seicento, als wirtschaftliche Gründe die levantinischen Juden außerordentlich begünstigten. Die Seerepublik verlor allmählich ihre Vormachtstellung im Mittelmeerraum und ihr Stern begann allmählich zu sinken; die venezianischen Adligen, innerlich zerstritten und zudem in einen ständigen Streit mit der Kirche verwickelt, zogen sich immer mehr vom Seehandel zurück und wandten sich dem Festland zu, wobei sie den Levantehandel mit all seinen Risiken oft den Juden überließen, die ihrerseits zu den levantinischen Gemeinden gute Beziehungen unterhielten und also über viele sichere Stützpunkte verfügten. So blühte der Stoffhandel auf, vor allem mit kostbaren Stoffen, überhaupt der Handel mit wertvollen Handelsgütern, was schließlich nicht nur den levantinischen, sondern auch den «deutschen» Juden im Getto zugute kam, da sie in ihren Geschäften nun neben den üblichen Gebrauchtgegenständen auch kostbare Ware und Juwelen anbieten konnten, und schlieblich wurde ihnen sogar der Handel mit Wolltuchen und Seidenstoffen erlaubt. Dieser wirtschaftliche Wohlstand machte sich auf kulturellem Gebiet sofort bemerkbar: es war die Zeit der berühmten Rabbiner, so des Leon da Modena, eines bizarren und eklektischen Menschen, der in religiösen Studien ebenso bewandert war wie in der Literatur, der viele Werke verfaßt und verbreitet hatte und zu dessen Vorlesungen und Predigten, die er meist in der Scola Italiana hielt, auch viele nichjüdische Gelehrte erschienen. Zu erwähnen ist auch Simone Luzzato, der wegen seiner Gelehrsamkeit hoch verehrt war, ein aufgeschlossener Geist, der ein kleines Werk über die Lage der Juden in seiner Zeit verfaßte. Daneben war es aber auch die Zeit nicht weniger berühmter Dichter: so etwa Sara Copio Sullam, eine hochgebildete Frau, deren Schönheit und Bildung allgemein bewundert wurde und die im Getto einen der berühmtesten literarischen Salon jener Zeit führte, dessen Ruf Aristokraten und Gelehrte aller Art anzog. Der jüdische Buchdruck brachte die Werke jüdischer Autoren in Venedig heraus: Deborah Ascarelli, Angelo Alatrini usw. Nicht einmal die Pest, die 1630 ganz Italien überzog und die Bevölkerung dezimierte, konnte diese Blüte unterbrechen: zwar flohen viele Juden und suchten anderswo Schutz, und der Hafen blieb für ein Jahr geschlossen, aber gleich nach dem Erlöschen der Seuche kam der Handel wieder in Schwung und der Zuzug der Juden nach Venedig erhöhte sich schlagartig, sodaß gegen Mitte des Jahrhunderts an die fünftausend Juden im Getto lebten.

Diese Blütezeit sollte sich nie wieder wiederholen, denn ab der zweiten Hälfte des Jahrhunderts begannen auch die Einwohner des «Chazer», wie das Getto im venezianischen Jiddisch genannt wurde, die Krise

Venedig. Die «Calle di Ghetto Vecchio».

und den Verfall der Republik zu spüren. Wegen des kraftraubenden Widerstandes gegen die immer bedrohlichere Macht der Türken geriet Venedig immer stärker in Geldnot, und die Judensteuern wurden dementsprechend immer weiter angehoben, und immer höher wurden auch die Kredite, die von den Juden für den Staat aufgebracht werden mußten. Die wirtschaftlichen Schwierigkeiten und die Unsicherheit des Levantehandels bewog viele levantinische Juden zur Abwanderung, um sich anderswo eine günstigere Position aufzubauen; aber die Krise traf auch ärmere Bevölkerungsschichten und vor allem gefährdete sie die Existenz der Pfandhäuser. Die drei berühmtesten «Banchi» des Getto, der -rote» (rosso), der «grüne» (verde) und der «schwarze» (negro) Banco, wie sie nach der Farbe der Quittungen, die sie ausgaben, genannt wurden, gerieten in solche Schwierigkeiten, daß sie die Mitglieder der anderen Gemeinden um Hilfe ersuchen mußten.
Diese Situation verschlechterte sich im Laufe des XVIII. Jh.s zusehens, wenn die Juden auch nach wie vor relativ sicher leben konnten. Aber wirtschaftlich gerieten die Pfandleiher in immer engere Bedrängnis, sie mußten Gelder von fremden Gemeinden aufnehmen, wofür die ganze Gemeinde garantierte, aber 1737 waren sie mit ihren Kräften am Ende und mußten ihre Zahlungsunfähigkeit erklären. Lediglich einige große Familien konnten sich wirtschaftlich weiter ausdehnen, indem sie den Seehandel und die Spinnereien in den Händen weniger konzentrierten. So wuchs die Zahl der jüdischen Reeder, aber auch die Zahl der Wander- und Lumpen händler, der kleinen Schneider, der armen Leute in einem Wort. Dafür schienen die Nichtjuden toleranter zu werden: das Judenzeichen mußte nicht mehr getragen werden, die Venezianer wandten sich mehr und mehr an jüdische Ärzte, die jüdische Kultur wurde mehr und mehr beachtet, und selbst die Pfandleiher erholten sich wieder, vermochten ihre Schulden zu zahlen und hielten sich bis ins frühe nächste Jahrhundert hinein. Erst in den letzten dreißig Jahren des Jahrhunderts, als die Republik endgültig ihrem Untergang entgegenging, verschärften sich die antijüdischen Maßnahmen wieder, mal mehr mal weniger schlimm.
Die kleineren jüdischen Gemeinden des Veneto, in Conegliano, Castelfranco und Vittorio Veneto, zerfielen immer mehr und verschwanden schließlich ganz. Aber auch die jüdische Bevölkerung Venedigs nahm ständig ab, sodaß gegen Ende des Jahrhunderts nur noch knapp 1.600 Juden in Venedig lebten.

Und diese Juden erlebten im Jahr 1797 die Öffnung des Gettos und die Abschaffung der Tore, denn die Fanzosen, Verkünder der Ideen von der Freiheit und Gleichheit, erkannten auch den Juden diese Rechte zu. Das Getto wurde in «Contrada dell'Unione» umgetauft und seine Einwohner waren nunmehr freie Bürger. Auch Österreich, dem Napoleon im Vertrag von Campoformio die Stadt Venedig verkauft hatte, konnte das nicht mehr rückgängig machen: die Juden mußten zwar viele Auflagen erfüllen, durften aber am Leben der Stadt teilnehmen. Das führte zur Einwanderung vieler Juden, die in anderen Teilen Italiens unter wesentlich schlimmeren Verhältnissen leben mußten; vornehmlich waren es römische Juden, die dem Elend des päpstlichen Rom entkommen wollten.
So erlebten die Juden im Getto, einem zwar inzwischen offenen, aber geistig noch immer geschlossenem Raum, verwurzelt in ihrer Religion

und ihrem Brauchtum, die Zeit der Emanzipation, der Judenbefreiung. Sie schlossen sich der Bewegung des Risorgimento, der Bewegung zur Einigung Italiens, an und unterstützten sie mit opfervoller Hingabe. Als Daniele Manin 1848 die «Repubblica Veneta» ausrief, nahmen zwei Juden sogar an der Regierung teil: Isacco Pesaro als Finanzminister und Leone Pincherle, ebenfalls als Minister. Und schließlich wurde den Juden 1866, nach dem Anschluß Venedigs an Piemont, auch von König Vittorio Emanuele II. die rechtliche Gleichstellung gewährt.

Die reicheren jüdischen Familien zogen aus dem Getto aus und siedelten sich in Venedig an, während die ärmeren darin verblieben und weiterhin den alten Traditionen eng verbunden blieben, so auch der alten venezianisch-jiddischen Mundart, dem Zeugen einer Geisteshaltung und einer unwiederholbaren kulturellen Leistung. Sie litten vor allem unter den Kämpfen des späten XIX. Jh.s und unter dem ersten Weltkrieg: viele Juden verließen die Stadt und die jüdische Gemeinde erlitt einen empfindlichen demographischen Verlust. Die nationalsozialistische Verfolgung tötete oder verschleppte in die Vernichtungslager fast ein Fünftel venezianischen Juden – Greise, Frauen, Kinder. Das setzte den tragischen Schlußstein unter eine ständig von Verfolgungen bedrohte Existenz, wenn die Juden in Venedig, gemessen an andersweitigen Verhältnissen, auch stets relativ ruhig hatten leben können.

Nach dem zweiten Weltkrieg erholte sich die jüdische Gemeinde von Venedig wieder: bei der Rückkehr, als die Freude der Befreiung alle Versprengten wieder ins Getto zurückrief, wurden neue Institutionen und Gesellschaften gegründet, mehr als Tausend Mitglieder schrieben sich darin ein. So leben die Juden heute über die ganze Stadt verstreut, üben die verschiedensten Berufe aus und bleiben aber doch geistig geeint um jenes einzigartige Zentrum herum, um jene Gassen und Synagogen, die an eine glanzvolle Vergangenheit erinnern.

Sehen wir uns nun im Getto um, besichtigen wir die Synagogen und das Museum, in dem die wertvollsten Kunstschätze der alten Gemeinde aufbewahrt werden. Die vorgeschlagene Route folgt zwar nicht einem chronologischen Faden, wohl aber einer für den Touristen bequem zu verfolgenden Route.

DAS GHETTO

Die Gemeinde von Venedig ist die einzige unter den alten großen jüdischen Gemeinden, die das alte Getto beinahe unverändert erhalten hat. Darin eingeschlossen lebten die Juden jahrhundertelang ihr eigenes Leben, ihre eigene Religion, ihre eigenen Schulen und Überlieferungen: das Getto war ein kleiner Staat im Staat. Sie scharten sich um ihre fünf größten Synagogen, die mit ihren Rabbinern und Einrichtungen offensichtlich auch eine soziale Funktion erfüllten, und gingen den verschiedensten Berufen nach: Schneider, Schuster, Straßenhändler – das waren die ärmsten unter ihnen – oder Schiffsreeder, und das waren die reichsten.

Tagsüber durften sie sich in der Stadt frei bewegen, aber bei Sonnenuntergang mußten sie in das Getto zurückkehren. Die Eingänge und die Kanäle wurden in der Nacht durch eigene Wachen, die von den Juden besoldet werden mußten, kontrolliert, und erst mit Sonnenaufgang durften die Juden das Getto wieder verlassen.

Am Morgen riefen einige Trompetenstöße zum Gebet; jeder Gläubige hatte in der Synagoge seinen Stammplatz und neben dem Gebet hörte man den Predigten der Rabbiner zu, die ein biblisches oder auch alltägliches Argument besprachen, und nicht selten erschienen auch Mönche oder nichtjüdische Gelehrte.

Dann begab sich jeder an seine Arbeit, und die Jugend ging in die Schule, in die «Leshivoth», wo oft ausgezeichnete Lehrer unterrichteten, oder in die Rabbinerseminare, in die «Midrashim», von denen jenes berühmte Seminar des Leon da Modena noch zu sehen ist, auch jenes etwas spätere des Giacobbe Vivante, das dem ersteren gegenüberliegt. War Feiertag, und vor allem beim Purimfest (˙ Fest der Lose), das ein Freudenfest war, konnte man nicht selten Christen sehen, die ins Getto kamen, um an Spielen oder Theateraufführungen teilzunehmen. Den ganzen Tag über ging es jedenfalls auf den Gassen geschäftig zu, man schwatzte in jener typischen Mundart, die ein Gemisch aus venezianischen, spanischen, italienischen und hebräischen Wörtern war, und jeder wußte alles von allen. Kurzum, es war eine eigene kleine Welt mit ihren kleinen Streitereien, persönlichen Eifersüchteleien und Reibereien, aber im Grunde mochte man einander, da man ja aufeinander angewiesen war.

Am Abend, als sich die Eingangstore schlossen und die Wachen ihren Dienst antraten, kehrte jeder in sein Heim zurück, in jene viel zu kleinen Häuser für die große Bevölkerung, die eng aneinandergelehnt hoch hinaufgebaut werden mußten, da kein Platz mehr da war, was die ständige Gefahr von Einstürzen, Bränden und Ansteckung nach sich zog. Das war das Leben der Juden im Getto, als sie einigermaßen sicher darin leben konnten, obwohl sie das Judenzeichen tragen mußten, hohe Steuern zahlten, nicht die geringsten Rechte besaßen, die der restlichen Bevölkerung zustand, keine Häuser oder Immobilien besitzen durften, keinen edlen Beruf und kein angesehenes Handwerk ausüben durften. Aber sie waren wenigstens vor Gewalt und Übergriffen geschützt, denen sie in anderen Städten ständig ausgesetzt waren, sie lebten mit der venezianischen Bevölkerung in einer fruchtbaren Zusammenarbeit und die Venezianer waren den Juden nie offen feindselig gesinnt. Das «Ghetto» liegt am Kreuzpunkt von drei Pfarreien: Das Ghetto Vecchio, das auf 1541 zurückgeht, gehört zur Pfarre von S. Geremia; das Ghetto Nuovo, das erste, in das die Juden 1516 eingeschlossen wurden, gehört zu S. Gerolamo; das Ghetto Nuovissimo, das 1633 dazugefügt wurde, untersteht der Pfarrei von SS. Ermagora e Fortunato. Ehe das Gebiet zum Getto wurde, befand sich hier eine Gießerei, eben ein «Getto», in der die Geschosse der Serenissima hergestellt wurden und die bis zum XIV. Jh. aktiv war. Dann verödete das Gebiet, und über eine Brücke gelangte man in einen weiteren Sektor, in dem die Schlacken der Öfen abgelagert wurden. Die Juden besetzten das Gebiet in etwa drei Tagen, nahmen die wenigen bestehenden Häuser in Beschlag und bauten in kurzer Zeit neue hinzu. Noch heute kommt man ins Ghetto Vecchio nur über die Fondamenta di Canareggio. Und am Portikus, den man passieren muß, sieht man noch heute die Spuren der ehemaligen Tore, die in der Nacht geschlossen wurden, und die beiden, heute zugemauerten Fenster, aus denen die Wachen den Durchgang kontrollierten. Dann folgt eine schmale Gasse, in die kaum ein Sonnenstrahl fällt (Calle di Ghetto Vecchio), und die von den hohen Häusern zu beiden Seiten beinahe erstickt wird. Hier spürt man noch trotz der vielen Restaurierungen noch etwas von der alten Atmosphäre: hier wurden die «Levantiner» und «Ponentiner» eingeschlossen. Eine Inschrift, kaum noch lesbar, befindet sich links kurz nach dem Portikus: sie erinnert an die Bestimmung der «Esecutori contro la bestemmia», einer Überwachungsbehörde, die den konvertierten Juden den Eintritt ins Getto strengstens verbot, zählt die angedrohten Strafen auf, sowie auch die Belohnungen für eventuelle Anzeigen (1704). Das Gebäude links gleich hinter dem Portikus (renoviert) beherbergte früher die Thalmùd Toràh, die religiöse Schule der «Ponentiner», der «Westjuden». Die lange Gasse führt zum Campiello delle Scuole, einem kleinen Platz, an dem die Scola Spagnola und die Scola Levantina liegen und von denen der Platz seinen Namen hat. Der früher regelmäßig rechteckige Platz verlor seine Symmetrie mit dem Bau der Scola Levantina. Der Brunnen liegt seitdem nicht mehr in der Mitte und die weiße Bodenbänderung scheint wie abgebrochen. Die westliche und östliche Seite der Platzes wird von unproportioniert hohen Häusern flankiert, eben von den sogenannten «Wolkenkratzern». An der Südseite liegt hingegen die Scola Spagnola und an der Nordseite die Scola Levantina.

Venedig. Scola Spagnola: Eingang.

DIE SCOLA SPAGNOLA

Die Scola Spagnola ist die größte Synagoge Venedigs und wahrscheinlich die einzige Synagoge der Welt, die seit ihrer Einweihung bis
heute ununterbrochen ihre Funktion erfüllt hat. Sie wurde in der zweiten Hälfte des XVI. Jh.s von den spanischen Juden oder auch von den
Maranen erbaut, im Jahr 1635 jedoch völlig umgestaltet, und zwar
nach der Überlieferung von Baldassare Longhena, dem großen venezianischen Baumeister, gegen Ende des XIX. Jh.s wurde der Bau noch
einmal umgebaut, ohne jedoch seine schlichte und gerade deswegen
feierliche Einfachheit zu verlieren. Der Bau steht für sich allein und
sieht nach **außen** recht unscheinbar aus wie das in Venedig allgemein
der Brauch war. Lediglich die großen, symmetrisch angeordneten

Rundbogenfenster zeigen an, daß es sich nicht um ein gewöhnliches Wohnhaus handelt. Heute sieht man an der Fassade einen Gedenkstein, der an die zweihundert Juden erinnert, die während des zweiten Weltkrieges in die Vernichtungslager verschleppt worden sind. **Der Eingang** befindet sich an der Längsseite, das große Holztor ist sehr elegant dekoriert, die geometrischen Zeichnungen erinnern ein wenig an die klassische Ausgewogenheit des Tores der Scola Levantina. Auf dem Bogen liest man die Inschrift: «Selig sind jene, die in Deinem Hause wohnen, die ununterbrochen Dich loben». (Beati quelli che abitano nella Tua Casa, che continuamente Ti lodano».

Das **Atrium** ist viereckig, und die Wände sind größtenteils bedeckt mit Gedenktafeln an bekannte jüdische Persönlichkeiten. An der Stirnseite, gegenüber vom Eingang, sieht man eine Gendenktafel zu Ehren der deportierten Juden von 1943-44, daneben den Zugang zum Matronäum. Links kommt man in einen kleinen Kultraum (rechteckig) mit einem herrlichen Aròn. Früher diente der Raum auch als Midràsh, als Studiensaal; rechts hingegen gelangt man zur Treppe und darüber zum Obergeschoß, wo sich der eigentliche Kultraum befindet. Er ist zweigeteilt und vermittelt den Eindruck von heiterer Ruhe. Der Eingang (wegen der Zweiteilung doppelt) liegt an der Stirnseite, rechts und links der etwas primitiven Bimàh.

Die **Aula** hat einen länglich rechteckigen Grundriß mit Aròn und Bimàh jeweils an den beiden Kurzseiten, die beiden Elemente sind aber ideell durch Bankreihen miteinander verbunden, die sich längs der Seiten hinziehen. Auch die Wände zwischen den beiden sind durch eine bis auf Fensterhöhe reichende Holzverkleidung miteinander verbunden. Die Bänke für die Gläubigen verlaufen längs der Wände, was in der Mitte viel Platz schafft, ein Charakteristikum aller venezianischen Synagogen. Der Boden zeigt eine nüchtern-elegante Dekoration mit weißen und grauen Fliesen, die nach einem geometrischen Muster verlegt sind. Auch die Decke ist mit Stukkaturen und Holzreliefs reich verziert, in der Mitte ist ein großer Leuchter angebracht. Die Aula wurde, wie beretis erwähnt, im XVII Jh. restauriert und stellt somit mit den polychromen Marmordekorationen und den Säulchen des Matronäums ein hübsches Beispiel des frühen venezianischen Barock dar. Die Hand Longhenas erkennt man an der Lisenen-Dekoration der Wände, an der nüchternen Eleganz der großen Fenster, die das Rundbogenmotiv des Aròn und des Portals wiederholen, an der Balustrade des elliptischen Matronäums, dessen Form wahrscheinlich der Scola Tedesca nachgebildet ist, und schließlich an der Dekoration des Aròn selbst.

Der **Aròn** ist mit einer imponierenden klassisch-barocken Struktur verziert, darüber wölbt sich ein auf Pfeilern ruhender Rundbogen mit der Inschrrift: «Wisse vor Wem du stehst». Vier Säulen aus geädertem schwarzem Marmor mit korinthischen Kapitellen tragen ein Tympanon, das den Heiligen Schrein umschließt. Auf den Flügeln des Schreins stehen die Zehn Gebote und ein Vers des Psalms: «Ich habe Gott vor mich gestellt», sowie ein Datum: 1755. Auf dem Schrein, in einer halbkreisförmigen Ein fassung, sind die Tafeln des Gesetzes untergebracht. Im weitläufigen Raum vor dem Aròn, der durch eine halbkreisförmige Holzbalustrade eingefaßt ist, wurde während der Restaurierungsarbeiten des letzten Jahrhunderts auf einer kleinen zweistufigen Erhöhung das Vorlesepult untergebracht. Ursprünglich sprach der Vor-

Venedig. Scola Spagnola: Innenansicht.

beter seine Gebete auf dem Podium, das sich gegenüber dem Aròn
befindet. Ober der Tribüne sieht man eine kleine Gedenktafel, die an
eine österreichische Bombe erinnert, die Mitte des vorigen Jahrhunderts die Synagoge am Vorabend des jüdischen Neujahrsfestes (Rosh
ha Shanàh, 5609) traf, aber «Mitleid mit ihr» hatte.
Die Bimàh ist eine Kanzel, zu der zwei seitliche Stufen hinauf-führen,
darüber wölbt sich ein Baldachin, das von zwei marmornen Säulen mit
korinthischen Kapitellen getragen wird; die Grundstruktur entspricht im
großen und ganzen de Gepflogenheiten in allen venezianischen Syna-

gogen. Eine Holzkonstruktion mit geometrischen Dekorationen, die im Rahmen einer etwas verunglückten Renovierung im XIX. Jh. eingebaut worden war, um eine Orgel, Geschenk eines Gönners, sowie einen Chor unterzubringen, wurde vor kurzem entfernt.

Die Aula selbst hat durch die oben erwähnte Renovierung nichts von ihrer erhabenen Schönheit eingebüßt, und die dient heute häufig als einzige Synagoge der kleinen Gemeinde.

Wir treten aus der Scola Spagnola heraus, überqueren den Campiello und befinden uns gleich vor der

Venedig. Scola Spagnola: die Bimàh (früher Chor).

SCOLA LEVANTINA

Die Scola Levantina ist sicher die prachtvollste und charakteristischste Synagoge von Venedig. Der selbständige Bau ist innen und außen reich dekoriert; er wurde nach, einer mündlichen Überlieferung im Jahr 1538 von den «Levantinem» errichtet, als sie noch nicht im Getto eingeschlossen waren, sondern frei in der Stadt leben konnten. Die Synagoge wurde mehrmals renoviert, vor allem im XVII. und im XIX. Jh., und im ersteren Umbau will man die Hand des Baldassare Longhena oder seiner Schule erkannt haben.

Die Hauptfassade ist ein Musterbeispiel von kompositiver Ausgewogenheit: über einem hohen Sockel aus Buckelquadern gliedert sie sich dreifach in die Höhe, erst durch eine Reihe von rechteckigen Fenstern, dann durch vier große große Rundbogenfenster und schließlich durch ebenfalls vier Fensterellipsen. Diese Gliederung wird noch unterstrichen durch die blinden, geometrisch gegliederten Wandflächen; die erste Flächung der zweiten Reihe ist heute durch einen Gedenkstein ersetzt, der an die gefallenen Juden des ersten Weltkrieges erinnert. Der Eingang wird von einem schönen Holztor verschlossen, dessen stark relievierte geometrische Musterung an jene der Scola Spagnola erinnert, die ebenfalls eine deutlich hervorgehobene geometrische Figurierung aufweist. Dieser Eingang ist heute geschlossen, oder aber führt in die kleine Scola Luzzatto, die im vorigen Jahrhundert in einem Teil des Atriums untergebracht worden ist. Die Seitenfassade wiederholt die Struktur der Hauptfassade, aber über dem Portal, wo heute der Eingang liegt, zeigt sich die typische Erkerstruktur der Bimäh in Form eines halben Sechsecks mit einem Fenster pro Fläche und der charakteristischen Muschelhaube. Diese seltsame Deckenstruktur ahmt wahrscheinlich ein Element der venezianischen Architektur nach, den sogenannten «Liago», und findet sich auch bei anderen Synagogen. Das **Atrium** ist ein weitläufiger, rechteckiger Raum, an dessen Wänden die charakteristischen Bänke verlaufen. Sehr schön ist die Decke und ein Friesrelief, und nebenbei entdeckt man uralte Gedenksteine: einer dieser Steine ermahnt die Gläubigen zu Pietät und Barmherzigkeit, denn dadurch vermöchte der Mensch das Gute und die göttliche Gnade zu erlangen. Eine weitere, jüngere, Tafel erinnert an den Besuch eines Sir Moses Montefiore in Venedig im Jahr 1875. Über dem Portal steht zu lesen: Gesegnet sei, wer kommt und gesegnet sei, wer geht.

Der rechte Teil des Atriums wurde im vorigen Jahrhundert zu einer kleinen Gebets- und Studierhalle umgebaut: zur Scola oder Ieshiväh Luzzatto. Diese Scola befand sich früher auf dem Campo di Ghetto nuovo und wurde hier in einem länglich rechteckigen Saal eingerichtet. Der Eingang erfolgt von einer Längsseite, der Aròn aus Holz, mit Säulendekoration und einer Balustrade, befindet sich an einer Kurzseite, gegenüber liegt die Bimäh, vier Stufen höher als der Rest der Aula. Längs der Wände verlaufen die üblichen Bänke, der Boden zeigt ein schmuckloses geometrisches Muster. Die Wände sind mit allerlei Lobesgedichten und -gesängen geschmückt, die Initialen der verschiedenen Gesänge ergeben den Namen: Elia Aron Chazàq. Links beginnt die Treppe (gleich nach den ersten Stufen erblickt man eine Tafel mit dem Akrostichon des Namen Gottes. Siehe auch S. 58), die auch hier doppelt verläuft, um zwei Eingänge (auf der Längsseite) in die eigentliche Aula zu ermöglichen.

Der **Kultsaal** hat eine querliegende Achse, d.h.: Aròn und Bimäh liegen sich an den beiden Kurzseiten gegenüber, während der Eingang von der Längsseite her erfolgt. Die typischen Bankreihen längs der Wände sind also im Zentrum unterbrochen, um dem Eingang Platz zu verschaffen. Die herrliche Holzdecke mit einer spätbarocken Vergoldung, die Dekoration der Wände, die abwechselnd aus einer Holzvertäfelung und einer Tapezierung mit Damaststoffen zwischen den Fenstern besteht, das Matronäum, über der Eingangslängsseite gelegen, das früher mit wunderbar geschnitzten Geländern eingefaßt war, umfassen die beiden Hauptelemente der Synagoge mit strenger Feierlichkeit. Die Dekoration geht vermutlich auf Andrea Brustolon zurück, dem großen venezianischen Holzschnitzer, der hier gegen Ende des Seicento ar-

Venedig. Scola Luzzatto und Scola Levantina.

Venedig. Scola Levantina: der Aròn.

Venedig. Scola Levantina: die Decke.

Venedig. Scola Levantina: die Bimàh.

beitete und eine perfekte Harmonie zwischen hebräischer und venezianischer Tradition zustande brachte. Die Eingangstüren sind mit zweifarbigem Marmor intarsiert, auf den Bögen stehen Verse von Bibel:
(neben dem Aròn) «Wie würdig ist doch dieses Haus, es ist nichts weniger als das Haus Gottes»;
(neben der Bimàh) «Öffnet die Tore der Gerechrigkeit, damit ich Gott loben kann» und «Dies ist das Tor des Herrn, durch das die Gerechten eingehen sollen».

Der **Aròn**, auf dessen Flügel die Zehn Gebote zu sehen sind, wird durch eine Struktur eingefaßt, die jener der Scola Spagnola durchaus ähnlich ist, allerdings ist sie wegen der Enge des Raumes wesentlich kleiner: ein weiter Kreis umschließt den Raum, zu dem vier Stufen hinaufführen und der von vier korinthischen Säulen aus geädertem Marmor auf hohem Sockel eingegrenzt wird, die ein Tympanon tragen. Über dem Aròn sieht man in goldenen Zügen auf schwarzem Grund die Inschrift: «Ich verneige mich im Haus Deiner Heiligkeit und ehre Deinen Namen». Und in einem kleinen Rahmen steht: «Wisse, vor Wem du stehst».

Das Ganze wird von einer schönen Marmorbalustrade eingefaßt, die mit polychromen Säulchen geziert ist und durch ein kleines Messinggitter abgeschlossen wird. Das Gitter ist laut Inschrift ein Geschenk des «Rabbi Menachem di Maimon Vivante», 1786.

Das kostbarste Element des Saales ist aber zweifelsohne dei **Bimàh**: die überreiche Holzdekoration läßt deutlich die Hand des Brustolon erkennen. Die Kanzel erhebt sich auf einem hohen, mit geometrischen und florealen Motiven reich gezierten Sockel, der von zwei Treppenaufgängen mit je zwölf Stufen umschlungen wird. Herrlich ist das Treppengeländer mit den geschnitzten Säulen. Die Kanzel selbst ist von zwei schraubenförmigen, überreich dekorierten Säulen eingefaßt, die an die Säulen des Tempels von Salomon erinnern sollen. Der strenge Architrav, der das Ganze abschließt, leitet bereits in die Dekkendekoration über. Die Apsis im Format eines halben Sechsecks, (die von außen als Erker wahrgenommen wird), wird von einem großen Rundbogenfenster je Seite erhellt und von einer schirmartigen Decke überwölbt, deren sechs Flächen wiederum mit kostbaren relievierten Mustern der venezianischen Kanzeln nach, ist aber sicher deren prachtvollstes und meistbewundertes Beispiel.

Vor dem Eingang der Scola Levantina breitet sich ein winziger Platz aus, die sogenannte «Corte Scalamatta», von der eine überaus schmale Gasse wegführt (heute geschlossen), die «Calle Mocato», und auch eine weitere, die heute noch passierbar ist, die «Calle del Forno», d.h. des Backofens, die ihren Namen einer Bäckerei verdankt, wo heute noch das traditionelle Sauerbrot (Mazàh) und der Kuchen für dar jüdische Osterfest (Pésach) gebacken wird. Auf dem kleinen Platz steht noch ein «Grattacielo», ein Hochhaus namens «Scale Matte» (d.h. = Verrückte Treppen), das seinen Namen entweder den engen und steilen Treppen des Hauses verdankt, oder aber einer Verballhornung des Familiennamens «Calamatta», nach der Familie, die hier früher gewohnt haben soll. Wir schlagen hingegen die Calle di Ghetto Vecchio ein. Fast alle Häuser dieser Gasse sind restauriert oder umgebaut worden, aber man kann noch einiges erkennen: rechts die «Mid-

Venedig. Das Ghetto Vecchio.

ràsh» (Schule) des Leon da Modena, ein einfacher Bau mit einer Rundbogentür und zwei Fenstern, die sich an das Muster der rundbogigen Synagogenfenster anlehnen; links, beinahe gegenüber, sieht man die «Midràsh Vivante», 1853 gegründet, mit einem hübschen Architrav. Etwas weiter vorn, wo heute die Büros und Ämter der Gemeinde untergebracht sind, befand sich die «Calle Barucchi», nach dem Namen der Familie Barukh, die hier wohnte und auch Häuser besaß. Rechts gegenüber liegt die schmale «Calle dell'Orto», die zur kleinen «Corte dell'Orto» führt, einem typischen Hinterhof des Ghetto.
Über die Brücke, die auch das Ende des Ghetto Vecchio anzeigt,

erreicht man den Campo di Ghetto Nuovo. Dies ist der ursprüngliche Sitz des Gettos, d.h. der Ort, an dem 1516 die «deutschen» und «italienischen» Juden eingesperrt wurden. Der ziemlich weitläufige Platz ist von drei Seiten durch typische «Grattacieli» eingefaßt, die trotz aller Restauration noch unverkennbar das alte Gepräge bewahrt haben, während die Nordseite im vorigen Jahrhundert abgerissen wurde, um Platz zu schaffen für die «Casa di Riposo Israelitica», das jüdische Altersheim.

Hier sieht man noch drei schöne Brunnen mit dem Wappen der venezianischen Prokuratoren aus dem späten Cinquecento, sowie das Denkmal, das 1866 zur Erinnerung an die rechtliche Gleichstellung der Juden durch Vittorio Emanuele II. errichtet wurde. Auf dem Platz hatten, neben den drei Pfandhäusern, dem roten, dem gelben und dem schwarzen, (eines davon ist noch unter der Hausnummer 2911 zu finden), auch einige Midrashim ihren Sitz, darunter vor allem jene der Scola Canton (in einer Ecke unter der Kuppel der Synagoge), und auch einige weitere Scole, von denen noch drei existieren. Gleich nach der Brücke links stand früher die **Scola Mesullamim**, die dem deutschen (askenasischen) Ritus folgte und bis auf das XVII, Jh. zurückging; sie wurde zusammen mit dem Gebäude gegen Ende des vorigen Jahrhunderts abgerissen, aber der Aròn, der eine Rahmenstruktur aus zwei erhöhten Marmorsäulen zeigt, wurde im Gebetsraum im Altersheim untergebracht. Weiterhin treffen wir auf dem Platz, unter der Portikus, der von vier Säulen getragen wird (XVI. Jh.), auf den Eingang zur.

SCOLA ITALIANA

Sie ist die bescheidenste und im ganzen gesehen auch einfachste der venezianischen Synagogen, deswegen aber nicht weniger würdevoll. Sie wurde – als letzte Synagoge des Gettos – im Jahr 1575 von den sogenannten «italienischen» Juden erbaut, deren Gemeinde sicherlich die ärmste und geringste war. Die späteren Umbauten und Renovierungen haben der Grundstruktur dieser Synagoge nichts anhaben haben, sie sieht im Grunde noch genau so aus wie zu Zeiten der berühmten Vorträge des Leon da Modena.

Der **Außenblick** ist wie bei allen anderen Synagogen eher unauffällig, abgesehen vom klassizistischen Portikus, und fügt sich bruchlos in die umliegenden Wohnhäuser ein. Die Synagoge erkennt man aber an den fünf großen Rundbogenfenstern, die an die Scola Tedesca erinnern, und an der hübschen barocken Kuppel, die sich schirmartig über einer vieleckigen Trommel erhebt. Die Fenster der Kuppel erhellen die darunterliegende Bimàh. Über dem Mittelfenster sieht man ein Wappen mit Krone und Inschrift: «Santa Comunità Italiana nell'anno 1575 (= Heilige italienische Gemeinde, 1575)», darunter eine kleine Gedenktafel mit einer Erinnerung an den Tempel.

Der **Eingang** führt durch ein bescheidenes Tor und über düstere Treppen in einen kleinen Raum und zum Atrium, wo man in altertümlichem Stil lesen kann: «Mit Demut und festem Glauben / komme jeder

Venedig. Scola Italiana: Außenansicht.

Gläubige hierher zum Gebet / und wendet er seinen Schritt auch dann wieder hinweg / so richte er seine Gedanken doch stets zu Gott». Dann kommt man in ein kleines Atrium vor dem eigentlichen Andachtsraum: hier sieht man eine Gedenktafel an den Rabbiner Isacco Pacifici, und eine weitere mit der Jahreszahl der Restaurierung und Wiedereröffnung der Synagoge, 1740, durch die «Parnasim» (Intendanten) Coen, Nizza und Osimo.

Der **Kultraum** ist rechteckig (wenig ausgeprägt), der Eingang liegt in der Mitte einer Längsseite, und zwar formt er beinahe einen rechten Winkel mit dem Aron und der Bimah, die sich auf den beiden Kurzseiten

Venedig. Scola Italiana: der Aròn.

gegenüberliegen. Längs der Wände verlaufen die Bänke und eine
Holzvertäfelung, die bis zur Fensterhöhe reicht. Die Bänke sind
relativ einfach, das Matronäum ist in der Eingangsseite eingebaut
(XVIII. Jh.) und paßt sich dem Raum geschmackvoll an, vor allem
den Fenstern, durch die vom Atrium Licht in den Raum fällt. Die
Decke hat eine Rahmendekoration mit geometrischen Mustern.

Längs der Wände sieht man Inschriften auf schwarzem Grund,
hauptsächlich fromme Sprüche, deren Anfangsbuchstaben den
Namen Avraham ergeben, für der sein Sohn Isaak um Frieden

Venedig. Scola Italiana: die Bimàh.

bittet. Die herbe und düstere Dekoration verschönt sich jedoch bei beiden Hauptgegenständen des Raumes.

Der **Aròn** mit seinen schönen geschnitzten Flügeltüren (innen sind die Zehn Gebote eingeschnitzt) ist ein Geschenk von Beniamino Marina di Consiglio. Der Schrein wird von einer Holzstruktur im Kompositumstil eingefaßt: zuerst führen vier Stufen bis zur Balustrade mit ihren gearbeiteten Säulchen, und darauf kann man lesen: Werk und Gabe von Menachem J. Guglielmi. Dann kommen vier korinthische Säulen mit hohem Sockel, und darauf ruht der klassisch-barocke Architrav, der als Motiv eine Krone trägt.

Prunkvoller noch ist die **Bimàh**: sie erhebt sich über acht fein verzierten Studen und wird von einer Säulenstruktur überdacht. Das Licht fällt über die Kuppel in die Apsis, die mehr als zwei Meter aus dem rechtekkigen Saal hinausragt. Die vier korinthischen Säulen, die auf einem hohen dekorierten Sockel ruhen, tragen einen Architrav mit geometrischen Muster, der sich bogenförmig gegen die lichte Kuppel hin öffnet. Die polygone Apsis ist bis auf Fensterhöhe mit Holz verkleidet, um Sitzplätze für die Geistlichen oder für hohe Würdenträger zu schaffen. Die Wände tragen Inschriften auf schwarzem Grund, die an die Pflichten des Geistlichen erinnern. Schön ist vor allem der Mittelsitz, der von einem Bogen überwölbt wird. Aus einer Inschrift am Fuß der Kanzel kann man entnehmen, daß das Ganze auf das XVIII. Jh. zurückgeht.

Wir kehren auf den Platz zurück und gehen immer rechts weiter. Dann treffen wir auf den Eingang zur Scola Canton und zur Scola Grande Tedesca, auf die kleine Midrash der Scola Canton und auf die Bruderschaft der Armen Juden. Von alledem kann man heute nur noch die beiden großen Synagogen sehen, und beide erreicht man heute über ein und denselben Eingang, und zwar über das Eingangsportal des neuen Museums der jüdischen Kunst. Zuerst besuchen wir die

SCOLA CANTON

Diese Synagoge gehört zu den schönsten und kostbarsten Bauten des Gettos, einmal wegen der Eleganz ihrer Dekoration, aber auch wegen der wunderbaren baulichen Ausgewogenheit. Ihren Namen verdankt die Synagoge der Familie Canton, reichen deutschen Bankiers, die sie als privaten Andachtsraum für den ashkenasischen Ritus erbauten. Eine zweite, weniger wahrscheinliche Deutung führt den Namen auf das venezianische «canton» (= Ecke) zurück. Sie wurde jedenfalls 1531-32 erbaut, aber mehrmals im Laufe der Jahrhunderte restauriert, wie man den zahlreichen Gedenktafeln entnehmen kann, die sich in großer Menge finden. Das hat allerdings ihrer wunderbaren Schönheit nichts anzuhaben vermocht, und sie scheut keinen Vergleich mit der großen Scola Grande Tedesca. Der Bau ist von außen wie üblich nicht zu erkennen, außer durch eine exzentrische hölzerne Kuppel mit einer achteckigen Trommel und einem lustigen Schirmdach. Die Kuppel erhellt, wie auch bei der Scola Italiana, die Apsis der Bimàh. Das typische Motiv der fünf Fenster ist jedoch vom Platz aus nicht zu sehen. Am einfachen Eingang (Rundbogenportal) stand das Gründungsjahr, die Treppen stammen hingegen aus dem XIX. Jh.

Im ersten Stock teilt sich der Eingang in zwei: am ersten Eingang sieht man eine Tafel, die hier im vorigen Jahrhundert von J. Fano angebracht worden ist und auf der in Versen zu lesen steht: «Verscheuche, o Sterblicher, jeden bösen Gedanken, / wenn du zum Gebet in den Tempel kommst / gedenke zu Wem zu betest und wende dich mit demütigem Glauben / an deinen einzigen lebendigen Gott».

Am zweiten Eingang mahnt ein Spruch Salomons: «Selig wer Mich hört und jeden Tag bereit ist, an Mein Tor zu kommen».

Der eigentliche **Kultraum** zeigt einen rechteckigen Grundriß mit Aron und Bimah an den beiden Kurzseiten. An einer Längsseite befindet

Venedig. Scola Canton: der Aròn.

sich der Eingang, an der anderen öffnen sich fünf große Fenster. Längs der Wände sehen wir wieder die gewohnten Bänke, und die Holzvertäfelung reicht bis auf zwei Drittel der Mauer.

Die Bänke für die Gläubigen sind wie üblich parallel zu den Wänden angeordnet, was in der Mitte Platz schafft. Der Terrazzo-Fußboden ist mit einem geometrischen Rundmuster angelegt. Die Originalität der Synagoge besteht also in ihrer Dekoration. Der obere Teil der Wände ist durch eine doppelte Reihe von geometrischen Mustern (intarsiert oder durchbrochen) oder durch Bibelsprüche, die sich hauptsächlich auf Moses, die Durchquerung des Roten Meeres und auf Jerusalem beziehen. Auf der Eingangsseite sind diese Bilder teilweise durch die

Venedig. Scola Canton: die Bimàh.

Gitter des **Matronäums** ersetzt, das sich solcherart perfekt in die Raumstruktur einfügt. Die Decke wird durch eine Umrahmung eingefaßt und ist bemalt. Die Prächtigkeit des Raumes wird jedoch von der Vergoldung verursacht, die, wie eine Inschrift auf dem Portal besagt, im Monat Elul (August-September) 1780 fertiggestellt wurde. Auf der Innenseite ist das Portal mit marmornen Ornamenten und einer Muschelkrönung dekoriert, darüber befindet sich eine Tafel mit einer zelebrativen Inschrrift. Eine Serie von Bronzelampen erhellen harmonisch den Raum, aber die beiden Prunkstücke sind zweifelsohne Aròn und Bimàh.

Der **Aròn** hat kostbare Flügeltüren, die außen geschnitzt und vergoldet sind, im Inneren ist die Inschrift «Kéther Thoràh» (= Krone der Thorah) eingeschnitzt und die Zehn Gebote. Vor dem Schrein senken sich vier Stufen ab, und darauf ist eine Widmungsinschrift zu sehen, die an «die Gabe des J. Moshéh» erinnert, der dies an Stelle des getöteten Bruders und im Namen von Mordechai Baldosa tut, 1672. Die Umrahmung ist wieder vergoldet und trägt auf zwei korinthischen Säulen und zwei Pfeilern einen reichgeschmückten Architrav. Die beiden Sitze neben dem Aròn wirden von zwei teils gedrehten, teils gekehlten Säulen flankiert und von zwei Tafeln überragt, auf denen Gebete für die Festtage zu lesen sind. Eine zentrale Tafel (im Augenblick nicht sichtbar) trägt hingegen die Schrift des Gesetzes.

Origineller ist zweifelsohne die **Bimàh.** Die kleine, polygone Kanzel, fein mit geometrischen Mustern dekoriert, schwebt über einem Freiraum, der von fünf geschwungenen, hier konkaven Stufen gebildet wird. Darüber wölbt sich ein wunderschöner, halbleilliptischer Bogen, der von je zwei ausgefallenen, geflochten-gedrehten Säulen getragen wird. Die Großzügige Apsis hat an den Seiten zwei Fenster und längs der Wände eine Holzvertäfelung mit Bänken, deren mittlerer Sitz wiederum konkav ist.

Inschrift besagt: eine Gabe von Beniamino Marina di Conselve ist. Die geschmückte Öffnung der Kuppel in der Mitte der Decke, die sich aus Farbflächen herausentwickelt, beendet die einfallsreichen architektorischen Lösungen dieses kleinen Raumes. Eine kleine Tafel, unten links, erinnert an eine Gabe eines gewissen Sholomoh für den Bau der Synagoge.

Beim Ausgang trifft man auf weitere Gedenksteine mit frommen Sprüchen, die den Gläubigen auffordern, Gutes zu tun und auf die Barmherzigkeit Gottes zu hoffen.

Die harmonische Komposition, die kostbare Vergoldung und die Charakteristik des Aron dieser Synagoge erinnern auffallend an die nahe

SCOLA GRANDE TEDESCA

Sie ist die erste Synagoge des Gettos. Sie wurde von den alten «Deutschen» im Jahr 1929 für den ashkenasischen Ritus errichtet. Der Baumeister stieß bei der Planung der Synagoge auf große Schwierigkeiten, weil sie in die bereits bestehenden Häuser hineingebaut werden mußte. Der Grundriß erscheint daher leicht asymmetrisch, sogar leich trapezoid, wenn auch die raffinierte Dekoration, die trotz vieler Renovierungen noch erstaunlich originalgetreu ist, jeden Eindruck von Disharmonie verhindert. Von außen ist die Synagoge wie immer unauffällig. Nur das bekannte Motiv der fünf (drei sind zugemauert) Rundbogenfenster verrät deren Lage. Das Eingangsportal ist sehr bescheiden; darauf ist zu lesen: «Großer Tempel nach ashkenasischem Ritus», und darunter sieht man: «Scola Grande der heiligen Gemeinde der Deutschen, Gott schütze uns, Amen». Längs der Wände der Räume,

Venedig. Scola Tedesca: der Aròn.

(im XIX. Jh. renoviert), die zum eigentlichen Andachtsraum führen, der wie üblich höher gelegen ist als die üblichen Behausungen und keine Räume über sich hat, kann man verschiedene Tafeln sehen, mit Inschriften und Aufrufen aus verschiedenen Jahrhunderten.

Der Kultraum stellt, wie wir gesehen haben, einen trapezoid-länglichen Raum dar, mit Aron und Bimah an den beiden Kurzseiten und dem Eingang auf einer Längsseite, in der Nähe des Aron. (Diese Anordnung gebt auf das XIX Jh. zurück früher befand sich die Bimäh in der Mitte). Das Fehlen von Säulen und Pfeilern ließ den Baumeister auf eine

Venedig. Scola Tedesca: die Bimàh.

üppige Dekoration zurückgreifen, um dem asymmetrischen Raum Harmonie zu verleihen. Längs der Wände befinden sich die Bänke und die Holzverkleidung. Die Bänke, die sicherlich aus der früherer Bauzeiten stammen, verlaufen längs der Wand, was Raum in der Mitte schafft. Rundum läuft jedoch ein wundervolles Matronäum mit einer herrlichen Balustrade, das eine polygone Laterne in der Mitte der Decke als sein ideales Zentrum hat. Weiterhin sorgen ein schönes Fries an der Decke, das rechteckige und runde Dekorationselemente alterniert, die Deckendekoration unter der Galerie des Matronäums und das variantenreiche Spiel der Marmordekoration an den Wänden, schließlich auch die Leichtigkeit der Bimah für die optische Illusion einer perfekten Raumsymmetrie. Dazu trägt auch das Kreisornament im schönen Terrazzoboden und die lange, goldene Inschrift mit den Zehn Geboten bei. Diese letztere Inschrift unter dem Matronäum verbindet geistig die beiden Brennpunkte des Saales.

Der **Aròn** zeigt eine komplexe, dreigegliederte Struktur, ist von zwei großen Fenstern flankiert und durch eine beinahe überreiche Vergoldung ausgezeichnet. Er steht auf vier Stufen aus rosa Marmor, auf denen die Inschrift mit dem Spender zu lesen steht: dem «ältesten der Brüder Zemel, dem Rabbiner Menachem Cividale» (Mitte des XVII, Jh.s). Gekehlte korinthische Säulen tragen einen barocken Architrav mit Vasen und Kornukopien. Auf den Schreinflügeln sind innen in Perlmutt die Zehn Gebote intarsiert, außen sieht man einen stark stilisierten Lebensbaum.
An den Seiten stehen zwei Kandelaber und die Sitze für die Parnasim (Intendanten), die die gleiche Dekoration des Zentralteils aufweisen. Darauf sind einige Verse zu lesen, in denen Gott und die Weisheit gelobt wird. Die ganze imposante Struktur ragt aus der Kurzseite des Raumes heraus und formt einen kleinen Erker, wie auch bei anderen venezianischen Synagogen. Auf der Außenseite geht der Erker auf den Rio di Ghetto Nuovo.

Die **Bimàh** ist von einzigartiger Leichtigkeit: die kleine Kanzel springt aus der Stirnwand stark in den Raum herein und hat kaum einen Sockel. Das geometrische Muster wiederhold die Deckendekoration (restauriert). Aus der zarten, aber effektvollen Balustrade wachsen acht feine Säulen mit stilisiertem korinthischem Kapitell in die Höhe, die einen leichten Architrav zu tragen haben.
Obwohl sich diese Struktur nicht perfekt in den Raum einfügt, erzeugt sie dennoch den Eindruck harmonischer Ausgewogenheit.

Wie man weiß, waren alle Synagogen mit vielen Gerätschaften für den Ritus ausgestattet. Einige dieser meist kostbaren Gegenstände sind im nahen

MUSEUM DER JÜDISCHEN KUNST

zu sehen. Das Museum ist nach dem zweiten Weltkrieg in den Nebensälen der großen Synagogen eingerichtet worden, und zwar auf Anregung der Rabbiner Toaff und Polacco, die auch die Gestaltung und Einrichtung geleitet und überwacht haben. Hier sieht man Vorhänge, Manuskripte, allerlei Dekorationsgegenstände und Zeugnisse des religiösen und kulturellen Lebens der vielen verschiedenen Gemeinden im Getto (Die Anordnung ist noch nicht definitiv und kann Änderungen unterliegen).

Neben der Treppe, die zur Scola Tedesca führt, kann man zwei schöne Leuchter sehen, die aus Vittorio Veneto stammen, und ferner einen Schreibtisch aus dem XVIII. Jh.

Auf dem ersten Treppenabsatz erblickt man einen hübschen kleinen Brunnen, ein «Geschenk von Mosheh Spilimbergo». Der erste Saal enthält zwei Sichttische und sieben Vetrinen, auf deren Schmuckstreifen Verse aus dem Buch Exodus zu lesen sind. Über der Eingangstür sieht man drei Tasim, Hülsen für die Thorah-Rollen, auf denen jeweils der Name des Spenders zu sehen ist (XVIII.-XIX. Jh.). Auf dem ersten Sichtisch sieht man einen Parokheth, einen Vorhang für den Heiligen Schrein, rot mit Goldstrickerei, und einen Me'il, eine Umhüllung für die Rollen aus dem XVIII. Jh., mit Blummenmuster aus elfenbeinfarbenem Grund. Ferner stehen Schmuckstücke für den Sefer herum (Rollenhülle) und weitere Gegenstände, die beim Ritus benötigt werden, immer aus dem XVII.-XVIII. Jh.: drei 'Atarogh (Kronen) aus Silber, wieder eine Gabe, von denen die eine aus getriebenem Silber mit Blumen- und Rosenmuster (41) im Andenken an Isacco Gentili (Ende XVIII. Jh.) gewidmet wurde; drei Rimonim (Verschluß für den Sefer), feine Silberarbeiten mit Vergoldung; verschiedene Iadoth (Lesezeichen) und Mafthachoth (Schlüssel für den Heiligen Schrein).

Auf dem **zweiten Sichttisch** erblickt man unter anderem: eine 'Atarah (47) aus Silber mit allerlei symbolischen Darstellungen, so dem Feuer, den Tafeln des Gesetzes, den 12 Broten; das Objekt wurde im XVIII. Jh. der Gemeinde Luzzatti geschenkt. Weiter sieht man zwei silberne Rimonim (50), aus dem frühen XVIII. Jh., mit feiner Ziselierung und Blummenmustern, und einen Tas, immer aus Silber (52) mit zwei Medaillons (Shadai - allmächtig) und verschiedenen Symbolen: zwei segnende Hände, eine Menorah (siebenarmiger Leuchter), die Tafeln des Gesetzes (XVIII. Jh.).

In den **Schaukästen** sind vorzugsweise sakrale Gegenstände angeordnet. Von links nach rechts: in der ersten **kleinen Vitrine** sieht man zwei Me'ilim aus Brokat und zwei kostbare Rimonim (4) in Barockstil, aus getriebenem Silber mit Vergoldungen. In der **II. Vitrine** sind hauptsächlich Me'ilim aus Brokat und Samt ausgeestellt, wunderschön ist das Stück (6) mit Goldstickerei auf violettem Grund, XVII. Jh., das einen Heiligen Schrein darstellt, der von einem Kelch voll Manna flankiert wird; daneben sieht man eine Parokheth (7) aus Samt mit Silberstickerei (Tulpenmuster), eine Gabe von «Rebecca di A. Levi», XVII. Jh.; ferner sieht man noch eine wunderschöne Sammlung Rimonim aus verschiedenen Jahrhunderten und eine schöne Chanukjah (einen neunarmigen Leuchter) aus dem XVIII. Jh. (11n), Bronze mit schönen Blumenmotiven am zentralen Arm und zwischen den Seitenarmen.

In der **III. Vitrine** erkennt man: eine Mapah (Hülle für den Sefer) aus rotem Samt mit Goldstickerei (12) und der Inschrift «Shadai» (= der Allmächtige), vermutlich XVII. jh.; eine Parokheth (15) aus grünem Samt mit Goldstickerei, die die Tafeln des Gesetzes darstellt (XIX. Jh.); unter de Me'ilim ist ein prachtvolles Stück (13) aus gelbem Brokat mit Seidenstickerei, XVII. Jh., die in delikatesten Farben den Vers über die «Reinheit des Gesetzes Gottes» komponiert.

In der kleinen **IV. Vitrine** sieht man neben einer Parokheth (19) aus rotem Samt mit goldenen und silbernen Stickereien, XVII. Jh., einer

Venedig. Museum: eine Paròkheth mit den Tafeln des Gesetzes auf dem Berg Sinai.

wunderschönen silbernen Krug (20) mit feiner Ziselierung und eleganten Formen, XVIII. Jh.

In der **V. Vitrine** sieht man zwei Me'ilim, einen mit Blumenmustern (23) und einen aus Brokat mit feinen Blumenreihen (24); das kostbarste Stück ist aber zweifellos eine herrliche Parokheth (22): sie zeigt Goldstickerei auf blauem Grund und ist durchgehend figuriert. In der Höhe erscheinen die beiden Tafeln des Gesetzes, umstrahlt von der Sonne, die durch die Wolken bricht. Das Gesetz ruht symbolisch auf den

Felsen des Berges Sinai, umgeben von einer Gebirgslandschaft. Unten hingegen, getrennt von der ersten Bildhälfte, erkennt man Jerusalem mit seinen Türmen und berühmten Toren, und in der Mitte erhebt sich der Tempel. Einige Psalmenverse krönen dieses schöne Stück, das, wie eine Inschrift besagt, mit unendlicher Geduld von «Stella, der Gattin des Isacco Perugia» gestickt wurde.

In der **VI. Vitrine** fällt eine weitere Parokheth ins Auge (28), die, wie aus einer Inschrift im Medaillon hervorgeht, im frühen XIX. Jh. von der Levantinischen Gemeinde zum Geschenk gemacht worden ist. Sie ist wahrscheinlich eine Kopie einer älteren Parokheth und stellt den Aufenthalt der Juden in der Wüste dar. Oben erkennt man das Manna-Wunder mit der Inschrift: «Ein Maß für jeden»; an der Seite ist der Felsen mit dem Wasser-Wunder zu sehen, dabei steht geschrieben: «Er öffnete den Felsen und das Wasser strömte hervor»; weiter rechts das Wachtel-Wunder und die Inschrift: «Er bat und es kamen die Wachteln und sättigte sie alle mit dem Brot des Himmels»; und schließlich sieht man noch die Zelte der Juden, die einfach, aber ordentlich gebaut sind. Unter den Me'ilim fällt ein Stück aus dem XVII.-XVIII. Jh. auf (30), das auf grünem Samt eine Silberstickerei aufweist: das Wappen zeigt das (nichtreligiöse) Thema eines Löwen mit Lanze und Schild; unter den Gegenständen ist ein hübsches Körb-

Venedig. Museum: eine Chupàh für die Hochzeiten.

chen erwähnenswert, Silber mit neoklassischen Motiven, ein Geschenk von «Salomone Aboaf de Flandes».

In der **VII. Vitrine** schließlich sieht man eine weitere Parokheth aus dem XVII. Jh. (34), vor allem aber einige wunderbare Rimonim (35) aus Silber, sehr schöne Arbeiten in reinstem Barockstil.

Über einige Stufen gelangt man in den **II. Saal** des Museums, wo unter anderem wieder einige sakrale Gegenstände, vor allem aber wertvolle Handschriften zu sehen sind. Nach links: da sieht man einen schönen «Sessel de Propheten Elias» (53), der bei der Zeremonie der Milah (= Beschneidung) benötigt wird. Der Ritus wird überdies von einem Bild illustriert, das daneben zu sehen ist (54), und das einen Segensspruch von M. Gallico verzeichnet trägt. Das Bild stammt aus dem XVIII. Jh. und ist eine Gabe von «Gabriel Malta»: Dargestellt ist die Zeremonie, und die daran beteiligten Personen erscheinen in reicher venezianischer Tracht des XVIII. Jh.s.

Dann sieht man eine hübsche Muschelschale mit dem dazugehörigen Krug und schließlich, in der Ecke, den Aròn (56) aus der Synagoge von Vittorio Veneto. Es ist eine schöne barocke Arbeit mit einer Darstellung der Gesetzestafeln, davor sieht man das Ner Thamid, das «Ewige Licht», eine gute Silberarbeit.

Längs der linken Wand sind unter einem recht bescheidenen Bild eines

Venedig. Museum: Sessel des Propheten Elias.

unbekannten Meisters mit einer Darstellung der Opferung Isaaks (59), einige Thiqim (= Hüllen für den Sefer) und Kethuboth (Heiratskontrakte) mit Miniaturen und Segenswünschen untergebracht.

An der Stirnwand steht eine schöne Chupah (= Thronhimmel für das Brautpaar) (63): der Baldachin aus rotem Samt mit Goldstickerei wird von vier zarten Pfeilern getragen (frühes XVIII. Jh.), darunter befinden sich die Sessel für das Brautpaar, spätes XVII. Jh., und das Pult für den Geistlichen aus derselben Zeit; dahinter hängt eine Paroketh, Gold und Samt aus späterer Zeit. Das Ganze wird bei Hochzeiten noch heute im Tempel verwendet. Daneben sieht man einen schönen Thiq (64), (Hülle für einen Sefer), XVII. Jh., aus versilbertem Holz. Er trägt unter verschiedenen Golddekorationen die üblichen Tafeln des Gesetzes und oben, zwischen den Abschlußdekorationen, das Symbol des Hauses Levi: eine Schale mit einem Krug für die rituelle Händewaschung. Das Stück ist auch ein Geschenk eines gewissen «David Levi» und wird heute noch bei den Festen Sukoth (= Laubhüttenfest) und Simchath Thorah (= Fest der Freude der Thorah) verwendet. Rechts ist noch eine silberne Chanukjah (67) aus dem XVIII. Jh. erwähnenswert, die aber vermutlich auf ältere Vorbilder zurückgeht.

In einer Kredenz aus dem späten XVIII. Jh. sind weitere Silbersachen ausgestellt: Obstkörbchen, Parfumfläschchen, Kelche, Rimonim und 'Ataroth. Erwähnenswert sind: eine Schale mit Krug aus dem XVIII. Jh.

Venedig. Ghetto Nuovissimo: ein Eingang.

(71), eine 'Atarah mit verschiedenen Symbolen (segnende Hände, Gewänder u.s.w.) aus getriebenem Silber mit Vergoldungen (73, XVIII. Jh.); ziselierte Rimonim (74) aus dem XVIII. Jh. und eine 'Atarah (75) aus der gleichen Zeit, die «Aròn di Jehudàh» seinem Tempel in Vittorio Veneto zum Geschenk gemacht hat, wie man aus der Inschrift entnehmen kann. Die Schrift schließt mit der Lobpreisung der Thorah.

Auf dem Rundtisch in der Mitte des Saales schließlich, über dem ein «Pignaton» (87b) hängt, eine silberne Lampe aus dem XVIII. Jh., Geschenk des David Maurogonato an die Scola Levantina, sieht man wertvolle Manuskripte und einige sakrale Gegenstände.

Erwähnenswert sind: das Manuskript (80) auf Pergament mit dem «Libro dell'istruzione» von Aronne Levi di Barcellona, das 1523 in Venedig herausgegeben wurde; ein herrlicher Bucheinband (81) aus Silber (XVII. Jh.) mit dem Wappen der Familie Vivante, einem Arm mit Fahne, und jenem der Familie Trieste, einem Storch mit Krone und Ähre; ein weiteres Pergament-Manuskript (83), das 1403 von Shelachiah da Candia fertiggestellt wurde; das herrliche Manuskript mit Miniaturen (85), Pergament, das die fünf Bücher der Bibel mit Kommentar enthält und 1405 von Daniel di Samuel Dayan fertiggestellt wurde: die Miniaturen der ersten Seiten zeigen Blumenmuster und mythische Tiere, die sicher nicht der jüdischen Tradition zuzurechnen sind.

Wir verlassen das Museum, wenden uns nach rechts und gelangen unter einem Portikus hindurch zur hölzernen Brücke über den Rio di Ghetto Nuovo, von wo aus man einen sehr charakteristischen Anblick des Ghetto Nuovo genießt: Hohe Häuser mit kleinen Fenstern drängen sich an den Kanal, ohne den kleinsten Zwischenraum. Blickt man nach links, erkennt man an einer Häuserwand einen Erker: es ist die Nische der Kurzseite der Scola Tedesca, in der der Aròn untergebracht ist. Wir überqueren die Brücke und kommen zur Gasse, die ins **Ghetto Nuovissimo** führt.

Dieses Viertel wurde im Jahr 1633 an die beiden ersteren Teile des Gettos hinzugefügt: es besteht aus mehreren Häuserblocks, in denen sehr schöne Bauten zu finden sind, sogar einige Sansovino-Fassaden, und wird von zwei Gassen, die sich T-förmig kreuzen, durchzogen. Auf die erste Gasse blicken die Häuser, die damals den Familien Treves und Vivante gehörten, die zweite Gasse nannte man «Calle del Portòn», da sie zum Tor führte, das allabendlich geschlossen und von Wachen verwahrt wurde. Heute noch kann man in den Seitenwänden die Spuren der Gitter erkennen, wie auch beim Portikus des Ghetto Vecchio, wo unser Rundgang begonnen hat und der uns durch eine der wichtigsten und seltensten historischen Stätte des Judentums in Italien gefuhrt hat.

Florenz. Die Synagoge: der Aròn.

FLORENZ

Synagoge:	Via Farini, 4
Büros der Gemeinde:	Via Farini, 4 – Tel. 245252
Koscheres Restaurant:	Via Farini, 2/a – Tel. 241890

Der Ursprung der Judengemeinde von Florenz ist jüngeren Datums: eine nennenswerte jüdische Gemeinde gibt es in dieser Stadt in der Tat erst seit dem XV. Jh. Das heißt nicht, daß es nicht schon früher kleine Grüppchen in der Medici-Stadt gegeben hat, aber erst im Quattrocento kamen zahlreiche Bankiers und Pfandleiher auf Aufforderung der Signoria in die Stadt. Bis dahin hatten die Medici die Pfandleihe in der Stadt verboten, während sie in der Umgebung und in anderen toskanischen Städten durchaus aufblühte: gegen Ende des XVI. und Beginn des XV. Jh.s wurden zahlreiche Pfandhäuser der bekannten Familie Da Sinagoga in S. Miniato, S. Gimignano und Pisa eröffnet und der Bestand jener von Prato, Arezzo, Pistoia und Volterra bestätigt. In Florenz hingegen waren nur die privaten christlichen Pfandleiher zugelassen, und diese Monopolstellung blieb ihnen bis 1437, als die florentinischer Herrscherfamilie sich an die jüdischen Pfandleiher wandte, da die Kapazität der christlichen Pfandleiher immer mehr zurückging und die Nachfrage hinagegen kontinuierlich stieg, und ihnen vier «condotte», also Pfandhäuser, verlieh. So entstand der erste Kern der florentinischer Judengemeinde, und sie war von Anfang an wohlhabend – so die Familien Pisa, Tivoli, Fano, – und von Anfang an war ihr Geschick mit dem der Medici verknüpft, die ihrerseits ja auch eine Bankierfamilie war, und damals überdies von überaus fähigen Cosimo I., dem Älteren, geleitet wurde.

Die Juden standen also unter dem Schutz der Herrscher, besonders Lorenzo il Magnifico bewahrte sie zweimal vor der Gefahr der Ausweisung und vor den Hetzpredigten des Bernardino da Feltre, und konnten sich günstig entwickeln; in dieser ruhigen und gesicherten Lage blühte auch ihre Kultur ungemein auf.

Gefährdet waren die Juden eingentlich nur während der Zeiten des Machtverlustes der Medici: so im Jahr 1495, als die Volksregierung unter Gerolamo Savonarola die Ausweisung aller Juden befahl und allein die «Monti di Pietà» gelten lassen wollte; die Juden vermochten sich nur durch eine riesige Anleihe, die sie zeichneten, retten. Eine weitere Gefahr erwuchs den Juden aus der Republick, die auch sofort die Juden ausweisen wollte, aber vorher kehrte Alessandro de' Medici aufgrund des Vergleichs zwischen Papst Klemens VII. und Karl V. nach Florenz zurück.

Auf längere Sicht gesehen, war der Schutz dieser einzigen Familie aber doch fragwürdig, und in der zweiten Hälfte des VI. Jh.s verschlechterte sich die Situation: Das Papsttum der Gegenreformation verfolgte die Juden mit unerbittlichen Bullen und versuchte, die Strenge dieser Gesetze auch überall durchzusetzen. Die florentinischen Herrscher, mit ihrem neuen Herrn Cosimo I. an der Spitze, beugten sich diesem Diktat zuerst nicht, im Gegenteil: aus hauptsächlich wirtschaftlichen Gründen erfreuten sich die Juden weiterhin des Schutzes der Stadt. Cosimo ließ 1551 sogar eine Gruppe levantinischer Juden kommen, um dem Orienthandel anzukurbeln. Das war der Kern der sephardischen Juden in der Medici-Stadt, aber auch der letzte ruhige Augenblick der Juden in Florenz. Schon fünfzehn Jahre später änderte Cosimo I. seine Politik, da er vom Papst Pius V. den Titel eines Großherzogs erreichen wollte. Für diesen Ehrgeiz ginç Cosimo auch rücksichtslos über alle Fragen wirtschaftlicher und moralischer Natur hinweg und befahl im Jahr 1570 die Einschließung aller Juden in ein Getto. Wie es im Erlaß des Großherzogs heißt, war diese Maßnahme eine Bestrafung für zahlreiche Gesetzwidrigkeiten, die die Juden angeblich begangen hätten, und sollte zudem die Vermischung von Christen und Juden verhindern. Zum Getto wurde das heutige Stradtviertel um die Piazza della Repubblica herum bestimmt, und alle Juden, auch die der Umgebung, hatten darin Wohnung zu nehmen. Nur die eine oder andere Familie durfte in der Nähe des Palazzo Pitti bleiben, in einer engen Gasse, die man eben «De' Giudei» nannte, damit sie der Herrscher für seine persönlichen Bedürfnisse zur Hand hatte.

So begann das traurigste Kapitel der Geschichte der florentinischen Juden. Zwar entstandten im Getto durchaus bald Synagogen, eigene Gerichtbarkeit und eigene Verwaltung, aber die Juden waren in mehrere, rivalisierende Gruppen zerfallen, vor allem bekämpften die älteren, «italienischen» Juden die erst kürzlich zugezogenen «Spanier». Erst in der zweiten Hälfte des XVII. Jh.s erreichte man endlich eine Einigung in der sogenannten «Università», und linderte damit wenigstens dieses eine Übel. Sehr eingeengt blieben hingegen die wirtschaftlichen Verhältnisse, da den Juden nunmehr die Wolle- und Seidenverarbeitung untersagt war, ebenso war der Juwelenhandel verboten. Einige wenige Familien konnten sich mit dem Handel von Genußmitteln, vor allem Schnaps und Tabak, über Wasser halten, aber das waren wenige Ausnahmen.

Die Armut reduzierte die Anzahl der Gläubigen empfindlich, und im XVIII. Jh. leben vielleicht noch ganze Tausend im Getto, fortwährend bedroht durch den Pöbel, aber auch geschützt durch die hohen Mauern.

Die napoleonische Zeit brachte noch nicht die ersehnte Befreiung, erst 1848 wurden die Tore geöffnet. Das ganze Getto wurde niedergerissen, um das neue Stadtzentrum aufzubauen. Die Freiheit ließ die Gemeinde bald wieder aufblühen: die Anzahl ihrer Mitglieder wuchs, sie gab sich eine Verfassung und zahlreiche Gesellschaften, teils mit karitativer, teils mit kultureller Zielsetzung, wurden gegründet. Dieser neue jüdische Geist gipfelte im Jahr 1882 mit der Einweihung des monumentalen **Tempio Maggiore**, fast einem Symbol der Erneuerung.

In den ersten Jahren des XX. Jh.s manifestierte sich diese neue Geistigkeit vor allem durch das Werk des Rabbiners Samuel Margulies, eines hochgebildeten Mannes, der Florenz zu einer geistigen Hochburg des italienischen Judentums machte: er gründete in Florenz das «Collegio Rabbinico», organisierte Studien und führte sie durch, gab die Zeitschrift «Rivista Israelitica» heraus und bildete schließlich unter seinen Schülern auch die beiden hervorragenden Gelehrten Umberto Cassuto und Elia S. Artom heran, deren Ruf das Prestige der jüdischen florentinischen Intelligenz noch weiter untermauerte.

Die Tragödie des Weltkrieges und der Deportierung verschonte allerdings auch Florenz nicht, aber es vermochte den zähen Lebenswillen dieser Gemeinde nicht zu zerstören: nach der Befreiung wurde die Synagoge, die im Krieg schwer mitgenommen worden war, wieder restauriert, die sozialen Strukturen wieder aufgebaut, und vor allem wurde eine hebräische Schule gegründet, die auf den Namen Nathan

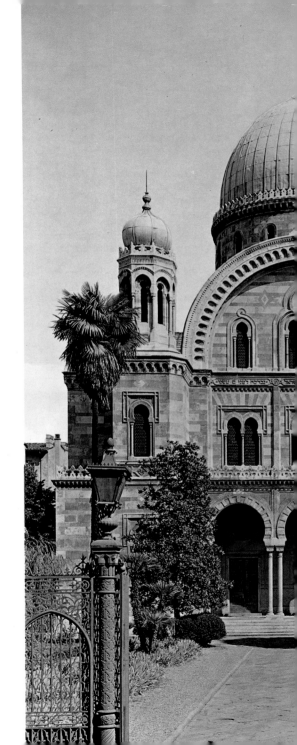

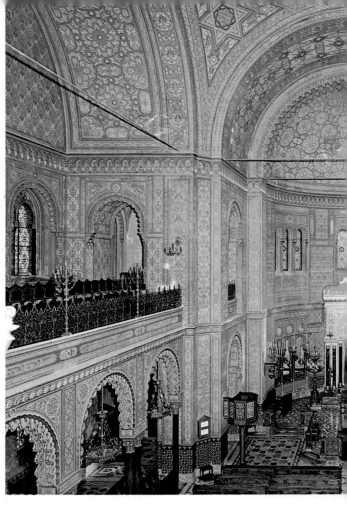

Florenz. Die Synagoge: Innenansicht.

Cassutos, des Rabbiners, der während des Krieges verschleppt worden war, getauft wurde. Mit der nämlichen Zähigkeit wurde auch die letzte Tragödie gemeistert, die über Florenz hereinbrach: die furchtbare Überschwemmung vom November 1966, als das Wildwasser viele jüdische Kunstschätze vernichtete, den Tempio Maggiore beschädigte und einen Großteil der alten Bibliothek zerstörte. Die großzügige internationale Hilfe ermöglichte es, auch das zu überstehen: die Synagoge wurde wieder hergestellt.

Wie schon gesagt, existiert das Getto von Florenz nicht mehr. Es befand sich zwischen der heutigen Piazza della Repubblica und der Piazza dell'Olio, aber es wurde im vorigen Jahrhundert vollständig

niedergerissen, um das neus Stadtzentrum zu erbauen. Was geblieben ist, ist die Erinnerung: das eine oder andere Gemälde (Signorini, z.B.), der Name einer Straße oder einer Gasse (Cortile de' bagni, wo sich der Platz für die rituellen Waschungen befand); eine Inschrift neben der alten Eingangstür, die besagt: «Die Juden wurden von den Christen getrennt, verjagt nicht», und schließlich noch die Inschrift über dem Bogen der Piazza della Repubblica: «Zurückgegeben ward das alte Zentrum der Stadt von langem Elend einem neuen Leben». Zu Angang wenigstens kann dieses «Elend» aber nicht gar zu schlimm gewesen sein, wenn es stimmt, dass, die urbanistische Gestaltung Bernardo Buontalenti anvertraut wurde. Der berühmte Architekt bezog in das Getto auch schöne Paläste ein, die vorher durchwegs von Adligen bewohnt gewesen waren. Es gab mehrere Synagogen und Oratorien, wo die verschiedensten Riten zelebriert wurden. An zwei davon, eine «italienische» und eine «spanische», kann man sich noch gut erinnern; von zwei weiteren Oratorien, die sich außerhalb des Getto befanden, existieren noch zwei Reproduktionen von Ottavio Levi: eines zelebrierte den italienischen Ritus und wurde bereits vor dem Krieg aufgelöst, das zweite folgte dem ashkenasischen Ritus und wurde nach dem Krieg von einer Gruppe deutscher Juden besucht, die sich nach Florenz geflüchtet hatten. Beite Synagogen waren in einem Gebäude in der Via delle Oche untergebracht. Als das Haus verkauft wurde, wurde die ganze Einrichtung nach Israel gebracht, während in der hebräischen Schule eine neue kleine Synagoge eingerichtet wurde. Für die ganze Gemeinschaft dient heute einzig die große Synagoge des.

TEMPIO MAGGIORE

Der Bau wurde 1874 mit dem nachgelassenen Erbe des verstorbenen Präsidenten der florentinischen «Univeristà», David Levi, begonnen und dauerte acht Jahre. 1882 wurde er, nachdem auch der König von Italien dem Gebäude einen offiziellen Besuch abgestattet hatte, einge-

Florenz. Ein kleiner Gebetsraum in der Via delle Oche (Reprod.).

Florenz. Der zweite Gebetsraum von der Via delle Oche (Reprod.).

weiht. Der «Tempio» (d.h. «Tempel», da der Bau nur als Gebetshaus verwendet wird, also keine eigentliche Synagoge mehr ist) wurde von den Architekten Treves, Falcini und Micheli geplant, zelebriert den sephardischen Ritus und wurde bereits zweimal restauriert: einmal wegen der Kriegsschäden, die er während des letzten Weltkrieges erlitten hatte, ein zweites Mal nach der schrecklichen Überschwemmungskatastrophe von 1966. Die ursprüngliche Struktur wurde aber größtenteils bewahrt.

Der Tempel bietet mit seiner exotischen Bauart einen in der Toskana und schon gar in Florenz einen befremdlichen Anblick. Der maurische Phantasiestil soll jeden Eindruck der Nachahmung einer christlichen Kirche vermeiden.

Der Eingang wird durch ein schönes Gitter verschlossen, und dahinter führt ein breiter Weg, der den szenographischen Effekt des Baues wirkungsvoll unterstreicht, – rechts befindet sich die neue hebräische Schule, links sieht man auf der Einfriedungsmauer einen Gedenkstein, der an die deportierten Juden erinnert, – auf das Gebäude zu, das einen länglich-rechteckigen Grundriß hat, mit einer halbkreisförmigen Apsis an der Stirnwand gegenüber dem Eingang und einer hohen Kuppel, die auf einer ebenfalls hohen Trommel ruht.

Die Außenansicht, vor allem die aus weiß-rosa Quadern zusammenge-
setzte Fassade, ist sorgfältig dekoriert. Der gesamte Gebäudekomplex
erscheint dreigegliedert: sowohl in die Höhe als auch in die Breite. Die
Breitengliederung sieht die Hauptfassade in der Mitte, überwölbt von
einem halbkreisförmigen Element, das die Gesetzestafeln trägt, beiden die Hauptfassade flankierenden Baukörper stehen leicht vor und
tragen auf kleinen Türmchen Kuppeln, die das Element der Hauptkup-
pel wiederholen. Die polygonale, fensterdurchbrochene Struktur erinnert ein wenig an ein Minarett.

Die Höhengliederung ruht auf einem dreigegliederten Eingang, dessen
maurische Bögen auf zarten Doppelsäulen ruhen und einen feierlichen
Narthex einfassen. Darüber öffnen sich zweibogige Fenster, maurische Biforen, die durch zarte Lisenen gefläccht sind. Das letzte Element
bildet die große Halbkreisstruktur, die eine Trifore mit einer Rose
darüber im Zentrum hat, die ihrerseits wieder durch je eine Bifore
flankiert wird. Die **Kuppel** zeigt ein schönes, mit den Farben des
Marmors gut harmonisierendes Grün. Sie ruht auf einer vielleicht ein
wenig zu hoch geratenen Trommel, deren schmale Fensterschlitze
nicht genügend Licht in den Innenraum einlassen.
Die Seitenwände sind ebenfalls gegliedert und haben ebenfalls ein
halbkreisförmiges Abschlußelement.
Die fünf Eingänge – drei an der Fassade und einer je Seitenfassade –
führen in ein großes rechteckiges Atrium, dessen Boden und Wände
reich mit Mosaiken und Fresken geschmückt sind. Der Raum wird
durch die Fenster, die sich ober dem Eingang befinden, nur spärlich
erhellt. Betritt man den Raum von der rechten Seitentüre her, so
erblickt man auf dem Boden große Flächungen mit geometrischen
Mustern, deren erste und letzte zwei das hebräische Symbol des
«Magèn Davîd» (Schild David) darstellen. Längs der Wände sind
Gedenksteine angebracht: links erinnert eine Inschrift an die Gefallenen des ersten Weltkrieges, eine zweite, in hebräischer Schrift, erinnert an den Rabbiner Margulies, der das florentinische Judentum in
unserem Jahrhundert wieder erneuerte; rechts sieht man ein marmor-
nes Becken für die Reinigung der Hände, dazu eine Inschrift, die an
den Besuch des Königs Vittorio Emanuele III. anläßlich des 50. Jubiläu-
ums des Königreiches Italien erinnert. Drei Medaillons erinnern an die
Stifter des Tempels und an die drei Architekten; der letzte Gedenkstein
schließlich erinnert an den Besuch des Königpaares Umberto I. und
Margherita im Jahr 1887.

Einige Korridore führen schließlich in den eigentlichen **Kultraum.** Er ist
viereckig, längs dreier Seiten verläuft ein Ambulakrum, an der vierten
Wand ist, gegenüber dem Eingang, die Apsis mit dem Aròn untergebracht. Das Ambulakrum ist vom Hauptmotiv der Fassade eingefaßt:
von einem dreifachen Bogen, der von paarweise angeordneten, weißen Säulen gestützt wird. Von Zentrum der Bogenspannung hängt
jeweils eine achteckige Laterne herab. In den beiden Seitenräumen
sowie auch in der Mitte der Aula sind die Bänke für die Gläubigen
untergebracht. Das Licht fällt durch polychrome Fenster ein, deren
Glasmuster immer wieder den Magèn Davïd darstellen. Das Ambulakrum trägt das Matronäum, das also den Raum längs dreier Seiten
einfaßt. Es hat eine eiserne Balustrade, die immer wieder von Meno-

ròth (siebenarmige Leuchter) überhöht wird. Ein ähnlicher, stilisierter Leuchter erleuchtet das Lesepult des Vorbeters.

Zwischen den Arkaden des Ambulakrums und dem Matronäum verläuft ein Schmuckfries, das in goldenen Lettern auf blauem Grund Lobpreisungen und Gebete darstellt. Ober dem Matronäum tragen weite Arkaden die hohe Trommel der Kuppel. Die goldenen Buchstaben in den vier Medaillons der Deckenzwickel bilden die Abkürzung des Spruchs: «Wer gleicht Dir, Herr». Das Ambulakrum wird von zwei mächtigen Pfeilern mit einer Arkade begrenzt, die gleichsam das Presbyterium der Apsis mit dem Aròn und dem Pult darstellt.

Am linken Pfeiler befindet sich eine Kanzel für die Predigten und die Ansprachen, die somit von der eigentlichen Bimäh getrennt sind.

Die **Apsis** ist ein weiter kalbkreisförmiger Raum, deren Wände und Gewölbe mit dem vorherrscheden Muster der maurischen Trifore ausgeschmückt ist. Zwischen den Fenstern setzt sich das Schmuckfries mit der goldenen Schrift auf blauem Grund fort. Die Sitze für die Würdenträger findet man auf der rechten Seite.

Der **Aròn** ist ein sehr kompakter Baukörper: er wird von vier Stufen erhöht und von zwei mächtigen Kandelabern flankiert. Der Schrein, auf dessen Türflügeln die Gesetzestafeln zu sehen sind, und der Altar selbst sind von sechs Säulen aus schwarzem Marmor eingefaßt, die einen doppelten maurischen Bogen tragen. Im Medaillon in der Mitte des Bogens steht geschrieben: «Gelobt sei die Glorie des Namens (Gottes) vom Ort, in dem Er Seinen Sitz hat». Das ganze wird von einem mosaikgeschmückten Baldachin abgeschlossen, das wiederum die Gesetzestafeln trägt.

Einfacher ist die Bimäh: sie wird durch knappe drei Stufen erhöht, ist durch eine Balustrade aus intarsiertem Holz eingefaßt und besteht aus einem massiven Lesepult, direkt gegenüber vom Aròn. Das Pult besteht aus dunklem, reichgeschnitzten Holz mit Intarsien auf goldenem Grund, und wird von drei Kandelabern, dessen mittelster eine Menoràh ist, gekrönt. Der ganze Raum ist mit Fresken ausgemalt, deren Muster das ursprüngliche Mosaik sorgfältig nachahmen. Der Boden, im geometrischen Mustern gestaltet, wiederholt oft das Motiv des Magèn Davïd.

Viele Kunstschätze der früheren Synagogen dieser reichen Gemeinde von Florenz schmücken nunmehr den jetzigen ein jüngst gegründetes Museum verwahrt, wie in Venedig und in Rom, die Zeugnisse und Gegenstände der jahrhundertealten Gemeinde.

DAS HEBRÄISCHE MUSEUM (MUSEO EBRAICO) VON FLORENZ

Das Hebräische Museum von Florenz entstand 1981 auf Anregung der «Amici del Museo Ebraico di Firenze» (= Freunde des Hebräischen Museums von Florenz), einer zweckgebundenen Vereinigung, und ist in einem Saal im ersten Stock der Synagoge untergebracht. Fotographien und verschiedene Kultgegenstände dokumentieren Brauchtum und Riten der jüdischen Gemeinden von Florenz.

Im kleinen **Vorraum** erinnern Fotodokumente an die wichtigsten historischen Ereignisse und stellen die repräsentativsten des vergangenen Lebens der florentinischen Juden vor.

Links sieht man das Titelblatt des Gesetzes, das im Jahr 1570 das florentinische Getto gründete, daneben einige Pläne des «Ghetto Vecchio», darunter der Plan aus dem XVI. Jh. von Bonsignori und del Billocardo; überdies sind auch einige Fotos von Gassen oder Plätzen des jüdischen Viertel zu sehen, etwa von der «Cortaccia», von der Piazza della Fratellanza oder von der Piazza della Fonte. Der Überblick umfaßt auch Abbildungen der Scola Italiana und der Scola Spagnola, sowie zwei Reproduktionen von Ottavio Levi, die die beiden Oratorien der Via delle Oche, außerhalb des Gettos, zeigen. Eines der beiden Oratorien gehörte der Bruderschaft der Mattir Assurim, die auch durch Fotos einiger Inschriften und Opferstöcke vorgestellt werden.

Rechts erinnern mehrere Zeugnisse an die Gestalt des Rabiners Margulies (der dem florentinischen Judentum zu Beginn des XX. Jh.s neuen Mut und Schwung brachte), darunter ein Porträt von der Hand von Mario Nunes Vais; daneben befindet sich das Porträt des berühmten Dichters Salomone Fiorentino (1743-1815), der vor allem wegen seiner berühmten, seiner Gattin gewidmeten Verse bekannt wurde.

An das kulturelle Leben unter der Herrschaft der Medici erinnern Dokumentationen zweier Bibelausgaben aus dem XV. Jh., sowie das Porträt von Elia del Medigo (von Hand des Benozzo Gozzoli), dem Philosophen des späten Quattrocento, der einer der Hebräischlehrer des Pico della Mirandola war.

Weitere Fotos rekonstruieren die Geschichte des jüdischen Friedhofes von Viale Ariosto, samt den Plänen von Marco Treves, sowie die Baugeschichte des Tempels in der Via Farini.

Neben diesen historischen Dokumentationen erzählen Buchzeugnisse, Kultgegenstände und weitere Dokumente von der liturgischen Realität der florentinischen Gemeinde.

In der **ersten Vitrine**, in der Mitte, sind vor allem wichtige Bücher zu sehen, daneben auch einige Dokumente, die die Geschichte der florentinischen «Natione» belegen.

In einer **zweiten Vitrine**, immer in der Mitte, ist ein schöner Séfer Thoràh samt Zubehör zu sehen, darunter ein Me'il mit herrlichen Dekorationen auf gelbem Grund und eine Binde mit Blumenmustern auf gleichfarbigem Grund (Mitte des XVIII. Jh.s). Bemerkenswert ist auch eine Mapah (XVIII. Jh.) mit Blumenmustern auf cremefarbenem Grund, sowie eine komplette Séferverzierung aus

DECRETO

ET GENERALE EDITTO

Sopra li Hebrei che al prefente
Habitano nel Dominio
Fiorentino,

Fermato da loro Altezze. il di 26. di Settembre. 1570.

IN FIORENZA,
Nella Stamperia de' Giunti.

3

Florenz, Judisches Museum. Der Erbaß von 1570

Florenz, Judisches Museum. Gegenstände der Verehrung

Florenz, Judisches Museum: die «Paròkheth» der Zehn Gebote.

Silber mit einer wundervollen 'Ataràh und Rimoním, einer venezianischen Arbeit aus dem Jahr 1717.
Eine **dritte Vitrine** enthält einen Sefer mit seinem Zubehör: florentinische Rimoním (XVIII. Jh.) in Form kleiner, übereinander geschachtelter Türmchen, eine schönverzierte 'Atarah und einen Me'il (1720) mit Goldstickereien auf rotem Grund.

Immer in der Mitte ist schließlich noch ein Aron zu sehen, der aus Lippiano stammt (Ende des XVIII. Jh.s). Er ist zweigegliedert, aus grünem Holz und weist einfache vergoldete Ornamente auf. Zum Teil andersartig sind die Gegenstände, die in den Vitrinen längs der Wände ausgestellt sind.

Rechts, in der **ersten Vitrine**, sind auf zwei Stellagen Bücher und Gegenstände ausgestellt, die mit dem Sabbat und den jüdischen Festen zusammenhängen.

Auf der unteren Stellage sieht man einen schönen Krug samt seiner Schüssel aus dem frühen XIX. Jh. (1803), daneben zwei Shofar und ein hübsches kleines Parfumgefäß für das Kippurfest (XIX. Jh.). Auf der oberen Stellage stehen einige Chanukjoth verschiedener Herkunft und Machart, eine Sabbatlampe aus dem XIX. Jh. und eine silberne Hülle für das Gebetbuch aus der zweiten Hälfte des XVIII. Jh. s mit dem Wappen der Besitzerfamilie in der Mitte.

Eine **zweite Vitrine**, rechts, beherbergt einige wichtige zeremonielle Gegenstände. Auf der unteren Stellage sieht man viele Mafthachoth (= Schlüssel) florentinischer Machart aus dem XVII. und XVIII. Jh.; ferner einige florentinische Jadoth und eine Mapah aus dem späten XVIII. Jh. Auf der oberen Stellage sind eine silberne 'Atarah zu sehen (1769, aus der Scola Italiana), einige Romonim aus dem XVII. und dem XVIII. Jh. und zwei Mapoth aus der zweiten Hälfte des XVII. Jh.s.

In der **ersten Vitrine** links hingegen sind Gegenstände aus dem familiären Leben der toskanischen Juden ausgestellt. Auf der unteren Stellage sind einige Instrumente für die Beschneidung zu sehen (XVIII. Jh.); auf der oberen Stellage sieht man zwei Kethuboth- eine aus Livorno aus dem Jahr 1796, die zweite aus Siena aus dem Jahr 1684 – des Ehepaares Pizarro-Cohen; daneben zwei schöne Gebetsmäntel aus dem XIX. Jh., sowie eine herrliche Schüssel aus der Scola Italiana (1582).

In der **zweiten Vitrine** links sind mehrere Me'ilim verschiedener Machart und Kostbarkeit ausgestellt; die meisten stammen aus dem XVII. oder aus dem XVIII. Jh. und weisen sehr lebhafte Farben auf.

In der **dritten Vitrine** sind Gegenstände aus der Synagoge zu sehen: auf der unteren Stellage Rimonim, Tafeln und Mapoth, meist aus dem XIX. Jh.; auf der oberen Stellage sieht man zwei piemontesische Rimonim aus dem XVII. Jh., eine 'Atarah der Bruderschaft der Mattir Assurim (1789) und eine venezianische Mapah mit Blumenmustern auf blauem Grund (1730 ca).

Immer links ist schließlich auch das kostbarste Stück des Museums zu sehen: eine Parokheth aus der zweiten Hälfte des XVII. Jh., venezianischer Machart. Innerhalb eines weitläufigen Rahmens, der Szenen aus dem jüdischen Leben darstellt, erhebt sich eine einzigartige Konstruktion, ein Aron, der die beiden aus dem Feuer auftauchenden Tafeln des Gesetzes enthält: die Parokheth wird dementsprechend auch «die der Zehn Gebote» genannt.

Dieses schöngearbeitete, wertvolle Stück krönt würdig die ikonographische Dokumentation des Hebräischen Museums.

Livorno. Tempel in der Via Micali: der Aròn.

LIVORNO

Synagoge: Via del Tempio, 3

Büros der Gemeinde: Via del Tempio, 3 – Tel. 24290

DIE JUDEN IN LIVORNO

Unter den verschiedenen jüdischen Gemeinden Italiens gehört jene von Livorno sicherlich zu den jüngsten, da sie erst im XVI. Jh. entstand, aber hier genossen die Juden Schutz und Ansehen wie sonst in keiner anderen italienischen Stadt. Die Geschichte der Juden in Livorno beginnt ungefähr in der Mitte des XVI. Jh.s, ausgerechnet in jener Zeit, die für die meisten Juden wegen der Judenfeindlichkeit der Kirche die Gettoisierung bedeutete. Cosimo I. de' Medici, der sich nicht immer an die Anweisungen der Kirche hielt, wollte die beiden 1541 zurückeroberten Städte Pisa und Livorno zu zwei Wirtschaftszentren machen und erließ daher 1548 ein Dekret, das möglichst viele Menschen in diesen beiden Städten zusammenziehen sollte. Er versprach also Amnestien und Steurbefreiungen, Schutzbriefe und religiöse Freiheit. Unter anderem folgte diesem Ruf auch eine kleine Gruppe spanischer Juden, die 1492 vertrieben worden waren und sich noch nirgends niedergelassen hatten. Der Hafen blühte auf, und **Ferdinando I. de' Medici**, der diese

Livorno: Die moderne Synagoge.

Entwicklung fördern wollte, wiederholte die Einladung zur Ansiedlung an alle fremden Kaufleute mit einem öffentlichen Manifest, das später **«La Livornina»** genannt wurde, und das ausdrücklich zuallererst sich an die verfolgten Juden wandte und ihnen Schldenerlaß, Steuerfreiheit, Amnestie, Handels- und Religionsfreiheit zusicherte; sie brauchten keinerlei Judenbzeichen tragen und wurden weder zur Taufe oder zur Predigt gezwungen, sondern man erlaubte ihnen im Gegenteil die Errichtung einer Synagoge und verlieh ihnen die toskanische Staatsbürgerschaft und einen autonomen Gerichtshof. So siedelte sich eine ansehnliche Gruppe von spanischen und portugiesischen Juden hier an, und später kamen auch einige italienische und deutsche Juden, an die der Aufruf ebenfalls ergangen war, hinzu. Zu Beginn des XVII. Jh.s hatte sich die Livorneser Gemeinde gebildet und war unter ihrem Konsul Meir Magino eine unabhängige Körperschaft.

Als Livorno zum Freihafen erhoben wurde und sich dadurch zu einem der wichtigsten Warenumschlagplätze entwickelt hatte, ließ sich hier viel Volk nieder, aber die Juden waren in diesem Gewimmel sicherlich die reichste und wichtigste Gruppe, und gegen Ende des XVII. Jh.s

lebten in Livorno bereits 3.500 Juden, und ihre Anzahl sollte sich im Lauf des nächsten Jahrhunderts verdoppeln. Die stärkste Fraktion stellten die «ponentinischen» Juden, also die spanischen und portugiesischen Einwanderer, gefolgt von den «Levantinern», während die italienischen und deutschen Juden eine Minderheit darstellten. Das iberische Element und natürlich der sephardische Ritus waren daher vorherrschend. Die Umgangssprache war das Portugiesische, die Schriftsprache das Kastilische. Die hohen Ämter und die Verwaltung lag in den Händen der spanischen Juden, beinahe als Anerkennung des hohen Ansehens, das ihre Vorfahren in Spanien genossen hatten. Daneben waren sie die bedeutendste wirtschaftliche Kraft: sie kontrollierten den Hafen, waren die mächtigsten Reeder, sie hatten die Korallenverarbeitung in die Stadt gebracht, sie trieben Handel mit Papier und Seife, sie hatten vom Staat den Tabakhandel übernommen und besaßen Immobilien. All das führte natürlich zu Wohlstand und Reichtum und zu einem blühenden kulturellen Leben. Es gab viele hebräische Druckreien, die vor allem Gebetsbücher herstellten und sie nach ganz Italien auslieferten. Die Studien florierten, Schulen und nicht weniger als sechs Leshivòth (= Akademien) wurden unterhalten, in denen theologische und humanistische Studien getrieben wurden. Auch die Kunst erreichte eine beachtliche Höhe. Die Situation – einzig in ganz Italien – dauerte bis in die Napoleonische Zeit hinein. Die Medici blieben, anders als in Florenz, hier ihrer ursprünglichen Politik Ferdinandos treu, und auch die Lorena, die Erben der Medici (1737) setzten diese Politik fort, im Gegenteil, gerade im späten XVIII. Jh. erreichte die Gemeinde von Livorno ihren höchsten Glanz, sodaß sogar viele italienische Juden die Stadt verließan und zur Verbreitung der jüdisch-livornesischen Mundart, des sogenannten «Bagito», beitrugen.

Mit Napoleon begann der Niedergang. Obwohl die jüdische «Nation» dem Gedankengut, das aus Frankreich kam, durchaus positiv gegenüber stand, hatte sie die Folgen der Kontinentalsperre zu tragen, die der Kaiser über Europa verhängt hatte. Im frühen XIX. Jh. sah es zwar noch nicht so schlecht aus, da alle sozialen und schulischen Strukturen gerettet werden konnten, aber das Fundament war unrettbar unterhöhlt. Als die livornesischen Juden 1859 ihre Privilegien verloren und allen anderen Bürgern des Toskanischen Statuts angeglichen wurden, und der Hafen seine wirtschaftliche Bedeutung durch das Aufblühen von Genua verloren hatte, wanderten viele Mitglieder der Gemeinde nach Afrika oder in den Orient aus. Erst in der zweiten Hälfte des XIX. Jh.s erholte sich die Gemeinde wieder, und zwar als der große Rabbiner Elia Benamozègh ein Kollegium für Rabbiner eröffnete und mit großem Geschick leitete. Es war allerdings nur von kunzer Dauer. Erst nach der Tragödie des zweiten Weltkrieges nahm die Gemeinde von Livorno einen neuen Aufschwung, und heute zählt sie bereits wieder tausend Mitglieder, unterhält ihre eigene Schule und erbaute sich einen neuen Tempel.

Livorno hatte nie ein **Getto**. Die Juden bewohnten vornehmlich ein Viertel in der Stadtmitte, ohne jegliche Beschränkung, umgaben sich mit großer Pracht und veranstalteten oft auf eigene Rechnung große Vorksfeste wie den «Carro di Mercurio» (= Merkurwagen) oder die «Macchina della Cuccagna» (= entspricht in etwa unserem Märchen vom Schlaraffenland). Ihr Reichtum zeigte sich aber vor allem in den

Livorno. Synagoge: Innenansicht.

prachtvollen Familiengräbern und in der großen **Synagoge**, unbestreitbar der schönsten von Italien, die leider zerstört worden ist. Aus Plänen und Fotos ersieht man den rechteckigen Grundriß des zerstörten Baues, der von drei Seiten mit einer doppelten Reihe von Arkaden eingefaßt war. Die herrliche Decke mit einer polychromen Dekoration war vor allem auf eine Hervorhebung der Aròn ausgerichtet. Heute hat Livorno einen neuen «Tempio Maggiore», der nach modernsten Baustilen errichtet ist. Sicherlich ist er von der wundervollen Pracht der alten Synagoge weit entfernt, nicht aber von deren strenger Würde.

DER «TEMPIO MAGGIORE»

Der hochmoderne Bau wurde vom Architekten Di Castro entworden und 1962 eingeweiht. Der Grundriß ist elliptisch, die **Außenfassade** durch eine Serie von Pfeilerrippen skandiert, deren unruhige Linie einen stets wechselnden Chiaroscuro-Effekt auf dem grauen Beton erzeugen. Dazu ist jede Sektion durch polygone, bunte Fensteröffnungen belebt.

Der **Eingang** ist ein großes Portal, zwischen dessen geometrischer Dekoration man die Abkürzungen der Zehn Gebote entdeckt. Die beiden Seiteneingänge hingegen werden von zwei Menoròth gekrönt.

Der **Innenraum** strahlt trotz seiner bewegten Linien eine strenge Feierlichkeit aus. Der elliptische Grundriß ist von innen besser erkennbar als von außen. Eingang und Aròn liegen sich gegenüber, während die Bimàh, nach mittelalterlicher Tradition, sich in der Mitte der Aula befindet. Die Bänke für die Gläubigen sind in einem halbelliptischen Bogen amphitheatermäßig angeordnet. Eine ähnliche Form weist auch das **Matronäum** auf, das erhöht über der Aula liegt. An die Ellipse der Bankreihen schließt sich die Wölbung mit dem Aròn an, deren Wände sich hinter dem Altar fächerförming öffnen. Die äußeren Pfeilerrippen gliedern auch die inneren Wände, deren Sektionen also in seinem stumpfen Winkel zueinander stehen. In jeder Sektion sind Fenster eingelassen, die den Raum gut ausleuchten. Der Fußboden zeigt ein kleines dekoratives Muster aus tiefem Blau auf hellem Grund.

Gleich hinter dem Eingang erblickt man zwei Gedenktafeln: links sieht man eine Erinnerung an die amerikanischen Gesellschaften, die den Tempelbau gefördert haben, rechts die Erinnerung an die Einweihung des Baues am 24. Elùl 5722 – 23. September 1962. Der **Aròn**, der hier 1970 aufgestellt wurde, ist ein antikes Element im hochmodernen Bau, er stammt nämlich aus dem «Tempio Spagnolo» von Pesaro und ist ein signiertes Stück auf dem frühen XVIII. Jh. Das vergoldete Holz ist überreich intarsiert, die deutlich barocke Architravstruktur wird von zwei kleinen stilisierten Säulen auf hohem Sockel getragen. Die Bimàh zeigt ein schlichteres Aussehen: sie ist ein durch ein paar Stufen erhöhtes Podium und wird von einer polygonalen Balustrade aus polychromen Marmor eingefaßt. Die ganze Struktur erinnert an die Bimàh der zerstörten Synagoge, und ist auch aus Teilen derselben nachkonstruiert worden.

In den unterirdischen Räumen des Tempels ist das Oratorium Lampronti untergebracht worden, das ebenfalls den spanischen Ritus zelebriert. Der Raum hat einen rechteckigen Grundriß, Aròn und Bimàh liegen sich gegenüber, während der Eingang an den beiden Langseiten zur Seite der Bimàh liegt. Sowohl Aròn als auch Bimàh stammen vom «Tempio Spagnolo» von Ferrara.

Der **Aròn** besteht aus polychromen Marmor mit stilisierten Dekorationen auf den beiden Schreinflügeln und ist von zwei gedrehten Säulen aus dunklenm Marmor auf hohem Sockel eingefaßt, die wiederum einen Architrav tragen, der von geschwungenen Linien beherrscht wird. Die **Bimàh** ist ebenfalls aus polychromem Marmor und ihre Balustrade ähnelt im großen und ganzen deutlich der Balustrade in der Aula der Haupttempels.

Die reiche Gemeinde von Livorno sammelte im Laufe der Jahrhunderte prachtvolle Kunstschätze, sehenswert ist aber besonders der **Aròn** des Oratoriums in der Via Micali. Das Oratorium ist in einem gewöhnlichen Saal untergebracht, und die Bimàh ist ein einfaches Lesepult, aber der Aròn ist wundervoll: er ähnelt einen großen Schrank aus reich geschnitzem und vergoldetem Holz und ist deutlich dreigegliedert. Der mittlere Abschnitt enthält die Thoràhrollen, der relievierte Architrav trägt eine blinde Balustrade und darüber drei viergeflächte Kuppeln auf niedriger Trommel, die von einer kleinen Zinne gekrönt werden. Die Überlieferung besagt, daß dieser Aròn von den flüchtigen Portugiesen nach Livorno gebracht worden sein soll, als sie infolge der «Livornina» hierher zogen. Er soll aus dem XV.-XVI. Jh. stammen, also aus der Zeit vor der Gründung der Livorneser Gemeinde, der sicherlich reichsten und ruhigsten jüdischen Gemeinde Italiens.

Livorno. Oratorio Lampronti: die Bimàh.

Rom. Basilika von S. Pietro in Vincoli Michelangiolo. Moses

ROM

Synagoge:	Lungotevere Cenci
Mostra Permanente:	Lungotevere Cenci
Büros der Gemeinde:	Lungotevere Cenci – Tel. 655051/2/3
Koscheres Restaurant:	Tennenbaum, Via Cavour 266 – Tel. 474479 Dandolo, Via Dandolo 24 – Tel. 5809921 «Zion», Via Portivo d'Ottavia 16 – Tel. 6569809

Rom. Die Tiberina Insel.

DIE JUDEN IN ROM

Die römische Gemeinde ist sicherlich die älteste jüdische Gemeinde
Italiens, und lange Zeit war die Geschichte der italienischen Juden
allein die Geschichte der Juden in Rom. Anders als in anderen Gebie-
ten Italiens jedoch war das Schicksal der Juden in Rom stets eng mit
den Mächtigen verknüpft, die gerade die Stadt regierten. Das römische
Imperium stand den Juden verhältnismäßig wohlwollend gegenüber,
dann kam es zu den ersten Reibereien mit dem aufkommenden Christentum und schließlich lag das Geschick der Juden völlig in der Hand
des Papsttums, das einmal eine tolerante, dann wieder eine unduldsa-
me, ja grausame Haltung einnahm, und das bis weit ins vorige Jahrhundert hinein über Wohl und Wehe der ewigen Stadt bestimmte.
Die ersten Kontakte zwischen Rom und den Juden gehen bis auf die
Zeit der römischen Republik zurück, als während der Herrschaft der
Makkabäer einige Familien aus politischen und wirtschaftlichen Gründen in die Stadt übersiedelten. Zu ihnen gesellten sich im I. vorchristli-
chen Jahrhundert die später freigelassenen Gefangenen, die Pompejus nach Rom gebracht hatte. Die Juden siedelten sich nun in Trastevere an und bildeten den ersten Kern der späteren Gemeinde. Unter den
östlichen Nationalitäten, die damals in Rom lebten, genossen die Juden einige Privilegien: Cäsar erlaubte ihnen öffentliche Versammlungen, Cicero betonte ihre wirtschaftliche Bedeutung, auch wenn sie
damals lediglich kleine Händler und Handwerker waren. Die römischen
Literaten hingegen, die das hebräische Brauchtum unverständlich fan-

den, waren ihnen von Anfang an feindlich gesinnt. Die ersten Schwierigkeiten gab es aber erst in der Kaiserzeit, da die Cäsaren den orientalischen Kulten im allgemein überhaupt nicht grün waren. Zeitweise wurden die Juden aus Rom vertrieben, auch weil man sie mit den ersten Christen verwechselte.

Nach der Zerstörung des Tempels (70 n. Chr.) flohen viele später freigelassene Juden nach Rom und ließen die Gemeinde stark anwachsen. Außer in Trastevere ließen sie sich in der Via Appia nieder, auf dem Esquilin, in der Suburra und in der Nähe der Porta Capena. Schätzungen sprechen sogar von 30.000 bis 40.000 Juden, die in 13 «Synagogai» (= Gemeinden) organisiert waren und nach der jeweiligen Herkunft benannt wurden (Tripolitani, Elea usw.), oder nach dem jeweiligen Viertel (Suburesii, Campesii usw.), oder nach dem jeweiligen Beschützer (Augustesii, Eroddi usw.).

Jede Gemeinde hatte ihre eigene Verwaltung, ihre eigenen Führer und ihre eigenen Friedhöfe, meist Katakomben, bei der Porta Portese, in der Via Appia, in der Via Labicana und in der Via Nomentana. Sie lebten verhältnismäßig ungestört bis zum **Ende ist Kaiserreiches**, als die Völkerwanderung ihre Situation dramatisch gestaltete. Die Goten verhielten sich ihnen gegenüber, schon aus politischer Vernunft, sehr freundlich und Honorius erkannte ihnen die Sabbatruhe zu. Auch Theoderich widersetzte sich stets jeder Gewaltanwendung gegen die Juden und bekämpfte die erzwungenen Bekehrungen. UNd auch die Langobarden zeigten sich gegen sie (nach 568) niemals offen feindselig. Ein schwieriges Zwischenspiel war die byzantinische Herrschaft. Inzwischen erstarkte aber das Papsttum immer mehr und begann die Geschicke der Juden zu beeinflussen. Für gut dreizehn Jahrhunderte sollten nun die einzelnen Päpste je nach Anschauung das Schicksal der Juden bestimmen. Allen voran muß Gregor der Große (590-604 genannt werden, der dem Judentum als Religion zwar feindlich gegenüberstand und daher die Bekehrung der Juden eifrig betrieb, aber doch nur mit den Mitteln der Überzeugung. Er verbot jede Gewaltanwendung und beließ den Juden ihre Rechte und ihre Freiheit, untersagte ihnen also lediglich, christliche Sklaven zu halten. Von den Jahrhunderten VII. bis XI. haben wir wenig Nachrichten, es scheint aber, daß in der Zeit, in der Karl der Große und die Franken die Kontrolle über Rom verloren, die Päpste die Juden immer wieder vor der Gewalttätigkeit des Klerus und vor erzwungenen Bekehrungen in Schutz nehmen mußten. Es fehlte allerdings nicht an aufsehenerregenden Übertritten: so bekehrte sich der reiche Bankier Baròkh zum Christentum und nahm den aus den Vornamen seiner Söhne Pietro und Leone gebildeten Familiennamen Pierleoni an, und diese Familie sollte später gar einen Papst stellen. Bekannt ist auch der Vorfall, wie Benedikt II. eine Judenverfolgung gestattete, als die Juden der Entweihung christlicher Bilder angeklagt wurden (1020). Im großen und ganzen aber konnten die Juden in ihrem Trastevere ganz ruhig leben. Sowohl Papsttum wie auch Klerus waren mit dem Investiturstreit und den Kreuzzügen beschäftigt und hatten keine Zeit, sich um die Juden zu kümmern, im Gegenteil, sie wurden oft um wirtschaftliche Unterstützung gebeten. Die antijüdischen Bestimmungen, die in Europa schon erlassen wurden, fanden also in Rom noch keinen günstigen Boden, und selbst die Steuern, welche die Gemeinde zu entrichten hatte, waren nicht übermäßig hoch. Das Papsttum arrangierte sich mit seinen Juden, und Papst Alexander III. hielt sich sogar einen jüdischen Berater, Jechiel

Rom. Ständige Ausstellung. Sicht von Getto (von C.Rossini)

Rom. Ständige Ausstellung. Ein Jude in einem Faß fortrollt (von B. Pinelli)

Anaw. So konnten sich die Juden dem Seide- und Wollehandel widmen, ebenso dem Teppich- und Juwelenhandel, und hie und da begann die Pfandleihe, ohne daß es zu schwerwiegenden Zusammenstößen und Verfolgungen gekommen wäre.

Das IV. Laterankonzil unter Innozens III. erließ zwar 1215 die Vorschrift, daß die Juden in einem eigenen, abgeschlossenen Viertel zu leben hätten und ein besonderes Abzeichen tragen müßten, und zwar einen gelben Kreis die Männer und zwei blauen Streifen am Schleier für die Frauen, aber die Vorschriften wurden in Rom kaum beachtet, und zwar bis etwa gegen Mitte des Jahrhunderts.

So gab es zwar im Lauf des XIII. Jh.s durchaus schwierige Situationen: Honorius III. ließ die Synagoge zerstören, Gregor IX. ließ in ganz Europa religiöse Schriften der Juden verbrennen, Karl von Anjou, ein Jahrzehnt lang (1268-78) Herr der Stadt, war ihnen offen feindlich gesinnt, Bonifaz VIII. konnte die Ermordung des Rabbiners Elia de' Pomis, der mit seiner ganzen Gemeinde angeklagt war, nicht verhindern, und in der darauffolgenden Gefangenschaft der Päpste in Avignon waren die Juden einer ständig wachsenden Besteuerung durch die jeweiligen Herren der Stadt ausgesetzt, teils auch auf Anordnung des Papstes Johannes XXII. Aber trotz alledem, und trotz der Unterstützung, die die Juden Cola di Rienzo (1347) angedeihen ließen und trotz der Pest von 1348 blieben die Juden während der inneren Zerrissenheit des Papsttums bis etwa gegen Ende des XIV. Jh.s relativ unbehelligt.

Die jüdische Kultur konnte sich ungestört entwickeln und man braucht

Rom. Mostra Permanente: das alte Getto (Stich aus d.J. 1640).

nur Immanuel Romano zu zitieren, den hochgebildeten jüdischen Dichter und Epigonen – wenn nicht gar auch Freund – Dantes, oder den nicht minder berühmten Philosophen Leone Romano, oder man denke nur an das hohe Ansehen vieler jüdischer Ärzte in Rom, um den hohen Stand der hebräischen Kultur jener Zeit zu würdigen. Zur selben Zeit entwickelte sich auch die Pfandleihe und der Bankhandel, und die jüdischen Bankiers konnten immer wieder durch hohe Geldgeschenke die Gefahr einer Ausweisung von ihrer Gemeinde abweisen. Aber da Rom kein gutes Pflaster für das Geldgeschäft war, setzte auch allmählich die Abwanderung der Bankiers von Rom ein, die sich mehr und mehr den norditalienischen Städten zuwandten.

Die relative Sicherheit, in der die Juden innerhalb der Stadt – zwischen

La Iudea

dem Ponte S. Angelo und dem Ponte Quattro Capi – lebten, reichte bis ins nächste Jahrhundert hinein. Die Päpste vor und nach dem großen Schisma, bis ungefähr Mitte des XVI. Jh.s, waren wohl den Juden außerhalb von Rom spinnefeind, duldeten sie aber in der Stadt, wenn ihre Haltung auch sehr wetterwendisch war. Günstig für die Juden war das Pontifikat von Martin V., der die jüdischen Rechte verteidigte, den Juden Religionsfreiheit und Schutz vor den fanatischen Predigten der Franziskaner, vor allem des Giovanni da Capistrano, gewährleistete. Die Gefahr zwang die Juden zu Gegenreaktionen, den sogenannten Kongressen, und die Gemeinde von Rom übernahm teilweise die Führung dieser Maßnahmen. So rettete eine gewaltige Geldsumme, die von allen getragen wurde, die Gemeinde vor der Bulle des Eugen

IV., der sich nach anfänglicher Toleranz als ausgesprochener Judenverfolger herausgestellt hatte. Nikolaus V. ließ die Franziskaner zwar predigen, verhinderte aber den Plan des Capistrano, alle Juden auf Schiffe zu verladen und in ferne Gegenden abzuschieben. Unter Sixtus IV. strömten maranische Juden nach Rom, was in der bisher rein italienischen Gemeinde ein spanisches Element bedeutete, und nach der Ausweisung der Juden aus Spanien, unter dem Pontifikat von Alexander VI. und seiner Nachfolger, verdoppelte sich die Anzahl der Juden in Rom, da aus allen Teilen Europas und Afrikas spanische Juden nach Rom flohen. Das erzeugte unangenehme Reibereien unter den Anhängern verschiedener Riten und den Angehörigen verschiedener Sprachen, so daß endlich die Errichtung eigenständiger Synagogen notwendig wurde, was zu Haß und innerer Uneinigkeit führte. Erst 1524 gelang es **Daniel da Pisa**, wieder eine relative Einheit herzustellen. Es begann eine glückliche Zeit, die letzte für die Juden Roms: Papst Julius II., Leo X. und Klemens VII., vorurteilslose Geister, schützten und förderten die Juden, sowohl in wirtschaftlicher als auch in kultureller Hinsicht, so daß sogar die große Gefahr des «Sacco di Roma», der Plünderung Roms durch die Landsknechte 1527, einigermaßen überstanden wurde. Auch die nachfolgende Pest sowie die inneren Spannungen durch die beiden religiösen Fanatiker David Reubenï und Salomon Molco, die sich für Propheten und Verkünder des Messias hielten, wurden ohne allzu großen Schaden überdauert. Es war aber der letzte friedliche Augenblick. Im späten XVI. Jh., in der Zeit der Reformation und der Gegenreformation, nahm das Papsttum eine endgültig feindselige Haltung ein. Die Folgen waren katastrophal. Unter Julius III. wurde der Thalmud zerstört und im Jahr 1555 erreichte die antijüdische Politik mit der Bulle von Paulus IV. ihren Höhepunkt. Die päpstliche Bulle erzwang die Gettoisierung der Juden, verbot alle Synagogen bis auf jeweils eine pro Gemeinde, verbot den Juden den Besitz von Immobilien, erlaubte den Juden einzig den Handel mit Gebrauchtwaren und erzwang das Tragen eines Abzeichens in Form eines gelben Hutes. Aus der bisher glücklichsten und geschütztesten Gemeinde Italiens war mit einem Schlag die ungeschützteste und verfolgteste geworden. In wenigen Monaten wurde an den gefährlichsten Tiber-Ufern das «Judenserail» erbaut; wer konnte, ergriff die Flucht, aber die meisten waren wohl oder überl gezwungen, sich den harten Gesetzen zu unterwerfen. Unter Pius IV., einem gemäßigteren Papst, gab es einige Erleichterungen, so die «Jus Gazzagà», nach der vermögende christliche Hausbesitzer den Juden die Miete nicht beliebig steigern durften. Mit dem nachfolgenden Pius V. verschärfte sich die Situation wieder, der Papst wies alle Juden aus dem Kirchenstaat aus, nur die Juden in Rom und Ancona konnten sich retten. Wegen der damit verbundenen starken Zuwanderung im römischen Getto verschlimmerte sich die wirtschaftliche Situation rapide. Unter Gregor XIII. gab es wieder einige Erleichterungen, die jedoch durch die fanatischen Predigten zur Judenbekehrung wieder fast zunichte gemacht wurden. Sixtus V. erkannte wieder einige Rechte der Juden an, vergrößerte das Getto, erlaubte ihnen wieder Handelsbeziehungen und eröffnete nicht weniger als 64 Pfandhäuser, um auch die Kosten der Kirchenreform zu decken. Es war aber nur ein kurzes Zwischenspiel, denn schon 1593 nahm Klemens VIII. den alten Judenhaß wieder auf, der zwei Jahrhunderte lang unsägliches Elend über die römischen Juden – etwa 4000 an der Zahl – bringen sollte. Die Not wurde noch durch die drückenden Steuern, welche den Juden von der «Reverenda Camera Apostolica», vor allem unter Urban VIII., auferlegt wurde, vermehrt. Kredite mußten aufgenommen werden, um dem Steuerdruck standhalten zu können, und zu alledem kamen noch ständige Demütigungen für die Bewohner des Gettos. Mehr als die Hälfte der Juden lebten von den Zuwendungen der Sozialfürsorge oder von Unterstützung einer reicheren Familie. 1682 hob Innozenz XI. die letzte Existenzgrundlage der Juden auf, die Pfandhäuser, und Innozene XII. brachte die Gemeinde an den Rand des Zusammenbruchs. In diesen elenden Verhältnissen mußten die Juden sich mit den niedersten Berufen ihr Brot verdienen, die etwa 600 Juden des XVIII. Jh.s beschäftigten sich als Straßenhändler, als Lumpensammler, als Schneider. Benedikt XIV. milderte die Situation wieder ein weing, Klemens XIV. räumte ihnen einige wirtschaftliche und religiöse Rechte ein, aber schon Pis VI. stürzte die Juden mit seinem «Editto sopra gli Ebrei» (= Erlaß über die Juden), 1775, wieder in namenloses Elend. Jede kleinste liberale oder gar jakobinische Richtung, die sich nach der Französischen Revolution in ganz Europa ausbreitete, wurde in Rom rücksichtslos unterdrückt, und erst während der napoleonischen Herrschaft, welche den Juden rechtliche Gleichstellung verlieh, konnte sich so etwas wie ein Traum von Freiheit entwickeln, der aber in der nachfolgenden Restauration sofort wieder vernichtet wurde. Die Rückkehr des Papstes brachte die neuerliche Einschließung mit sich, neuerliche rechtliche Unterdrückung und neuerliches Elend.

Erst unter Gregor XIV. zeichnete sich ein Hoffnungsschimmer ab, auch dank des großen Geschicks, mit dem Samuel Alatri seine Gemeinde leitete. Im Jahr 1848 öffneten sich die Tore des Gettos, 1849 traten die Juden sogar in die Verfassungsgebende Kommission der Römischen Republik ein, die ihnen volle rechtliche Gleichstellung gewährte. Bis 1870 aber verließen die Juden das Getto nicht. Erst als die italienischen Truppen die Stadt erstürmten, war die Freiheit endgültig gesichert.

Die römische Gemeinde begann aufzublühen. Das Getto wurde niedergerissen, **Samuel Alatri** organisierte seine Gemeinde neu, und auf dem Boden, der soviel Not gesehen hatte, entstand 1904 die neue große Synagoge, Symbol einer wiedergefundenen Hoffnung. Der zweite Weltkrieg bedeutete für die jüdische Gemeinde Roms ein letztes tragisches Zwischenspiel, aber seitdem ist Rom wieder unbestreitbar die wichtigste und bedeutendste Gemeinde Italiens.

In Rom finden sich uralte Spuren des Judentums. Die ältesten sind Grabinschriften, die in den sechs bisher bekannten Katakomben gefunden wurden, und die den in Rom ansässigen Juden offensichlich als Begräbnisplatz gedient hatten. In den langen, in das Tuffgestein hineingebohrten Gängen bestatteten sie anscheinend nicht nur ihre Toten, sondern sie brachten auch Tafeln mit symbolischen Darstellungen an. In Monteverde, in der Via Labicana, in der Via Appia, in der Nähe von S. Sebastiano und in der Via Numentana fanden sich griechische, lateinische und hebräische Inschriften mit Segensworten wie «Shalòm» (= Friede), Namen und Würde der Verstorbenen und Symbolen wie der Menoràh oder dem Shofàr. Beispiele solcher Tafeln kann man in den vatikanischen Museen sehen, einige auch in der «Mostra Permanente» = (Dauernden Ausstellung) der Gemeinde.

Wenig oder nichts ist hingegen vom Getto erhalten geblieben, auch wenn viele römische Juden noch in der Gegend des ehemaligen Gettos wohnen, und zwar zwischen dem Lungotevere Cenci, der Via Catalana und der Via Portico d'Ottavia. Das Getto wurde im vorigen Jahrhunderts niedergerissen, um das ganze Viertel gründlich zu sanieren, da es stets den Überschwemmungen des Tiber ausgesetzt war. Das Getto, 1555 von Paulus IV. gegründet, war in wenigen Monaten erbaut worden, und darin waren die Juden eingeschlossen bis 1848.

Rom. Mostra Permanente: Anblick des alten Gettos.

Die Mauer hatte früher fünf, später sieben Eingänge. Zeitgenössische Stiche lassen fünf kleine Plätze erkennen, deren wichtigster die Piazza Giudïa war, sowie wenigstens acht Straßen und Gassen, an denen die armseligen Häuser standen, die wegen des Platzmangels in die Höhe gebaut, oder noch schlimmer, unterkellert werden mußten.

Einige Namen sind noch erhalten geblieben, so etwa Piazza delle Azzimelle, nach dem Ofen für das jüdische Sauerteigbrot, der hier gestanden haben soll; weiter auch die Via Rua, die Hauptstraße, dann die Via Reginella oder Via Portico d'Ottavia (wegen des Gebäudes, das

Rom. Die Synagoge.

Augustus für seine Schwester errichten ließ), in deren Nähe das Getto lag. In dieser Gegend half den Juden, wenn sie überleben wollten, nur die Zähigkeit, und darauf spielt die Inschrift eines Gedenksteins an, der sich an der Fassade der kleinen Kirche von S. Gregorio della Divina Pietà befindet und die in hebräischer und lateinischer Schrift nach einem Vers von Jesaja besagt: «Ich habe die Hand hingehalten jeden Tag einem widerborstigen Volk, das eine falsche Straße eingeschlagen hat und seinen Launen folgt».

Während der Zeit des Gettos gab es sicherlich mehrere Synagogen, je nach den verschiednen Riten; aber in der letzten historischen Phase gab es nur mehr fünf «Scole», die in einem einzigen Gebäude untergebracht waren, und zwar drei mit italienischem Ritus, die **Scola del Tempio**, **Scola Nuova** und **Scola Siciliana**, sowie zwei mit spanischem Ritus, die **Scola Catalana** und die **Scola Castigliana.** Alle Synagogen waren im Inneren sehr reich ausgestattet, mit wundervollen Aronòth und kostbaren Gegenständen, und die Scola del Tempio hatte eine herrliche Decke. Sie wurden in einem Brand 1893 fast ganz zerstört und 1910 abgerissen. Einige Elemente wurden in die heute existierenden Kulträume eingefügt. Dazu gehören, neben dem **Oratorio Di Castro,** vor allem der **Tempio Maggiore** und der darunterliegende **Tempio Spagnolo**.

DER TEMPIO MAGGIORE

Der Tempel von Rom wurde 1904 von der Architekten Costa und Armanni erbaut und erhebt sich majestätisch zwischen der heutigen Via Catalana und dem Lungotevere Cenci. Er ist, wie das heute nach der Judenbefreiung üblich ist, nur mehr ein reines Gebetshaus und erfüllt nicht mehr die vielfältigen Aufgaben der früheren Synagogen, wenn auch die Büros der Gemeindeverwaltung in angrenzenden Räumen untergebracht sind.

Der Tempel zelebriert den italienischen Ritus. Vom baulichen Aspekt versucht er, soweit möglich, jede Verwechslung mit einer christlichen Kirche zu vermeiden. Grundriß und noch mehr Ausstattung zeigen einen orientalischen Einschlag, vor allem eine Anlehnung an assyrisch-babylonische Muster. Der auf ersten Anblick eher massige Bau löst sich bei näherem Hinsehen in eine vielgegliederte Struktur auf, die sich nach oben hin immer weiter verjüngt und schließlich in einer großer Kuppel endet.

Die **Außengestaltung** zeigt leichte Abweichungen zwischen der Haupt- und der Seitenfassaden. Der Raum wird durch ein Gitter abgegrenzt, dessen beide Pfeiler mit den hübschen Kapitellen im Medaillon den Davidsstern tragen. Die Fassade, die dahinter beinahe wie ein Vorraum aufstrebt, zeigt eine deutliche Zweiteilung: der untere Teil hat ein Atrium, das über eine Treppe erreicht und von vier assyrischen Säulen eingefaßt wird. Im Atrium liegen die drei Haupteingänge, was einem durchaus traditionallen Schema entspricht. Ein gearbeitetes Fries trennt diesen Teil vom Obergeschoß, das drei große Fenster hat, darüber einen reichverzierten Architrav, auf dem ein eher flaches Tympanon ruht. Eingefaßt ist das Ganze von zwei aufgeflächten Kapitellen. Allerlei Dekorationen schmücken die Fassade weiter aus, darunter finden sich fast alle Symbole des Judentums: In den beiden Flächungen neben den Fenstern sieht man einen stilisierten Lulàv, in der Mitte des Tympanons erblickt man, zwischen Sonnenstahlen, die Tafeln des Gesetzes, auf den Kapitellen zur Seite des Tympanons entdeckt man den Davidsstern und darüber die Menoràh. Die Grundstruktur des Tympanons findet man in allen Fenstern und beim Aròn wieder.

Die Seitenfassaden sind hingegen dreigegliedert: auf einen Streifen mit Buckelquadern und den Eingängen folgt ein zweiter Streifen mit drei zentralen Arkaden, die von zwei Fenstern flankiert werden, und darüber schließlich sieht man als Krönung den Abschnitt mit den traditionellen Motiven. Die Dreigliederung läßt sich auch in der Breite erkennen: der Zentralbau wird von zwei zinnengekrönten Halbtürmen flankiert, welche die Hauptfassade mit den Seitenfassaden verbinden und dem Gebäude den Eindruck einer imponierenden Größe geben. Das

Rom. Die Synagoge: Innenansicht.

Rom. Die Synagoge: die Kuppel.

Ganze ist überhöht von einer vierflächigen Kuppel mit einem golden reflektierenden Aluminiumdach, die auf einer hohen viereckigen Trommel ruht. Jede Seite der Trommel repetiert das Muster der drei Fenster und ist reich dekoriert. Auf der Kuppel sitzt eine viereckige Laterne. Auf der flußzugewandten Seite sind drei Gedenktafeln zu sehen. Eine erinnert an die jüdischen Gefallenen des ersten Weltkrieges 1915-18; die zweite and die 2091 Juden, die von den Nationalsozialisten verschleppt wurden; die dritte an die Opfer der Fosse Ardeatine (1943). Alle anderen Gedenktafeln an der Fassade tragen Bibelpsrüche.
Die drei Eingänge führen direkt in den Kultraum. Er hat einen wenig ausgeprägten rechteckigen Grundriß, längs der drei Wände verläuft ein Ambulakrum, während an der vierten Wand, gegenüber vom Eingang, der Aròn untergebracht ist. Das ziemlich dunkle, weil fensterlose Ambulakrum wird von massiven assyrischen Säulen eingefaßt, was

eine flache Arkade erzeugt, von deren Mitte jeweils eine Lampe herabhängt. In der Mitte der Aula sind die Bänke – querlaufend zum Raum – für die Gläubigen angeordnet, während die Frauen im großen Matronäum Platz finden, das drei Seiten des Raumes einfaßt. Das Matronäum hat eine schöne Balustrade aus Eisen, die jeweils in Übereinstimmung mit den tragenden Säulen mit kleinen Lampen geschmückt ist. Die Wände zeigen eine rhythmische Gliederung durch die Fenster und durch die Rahmungen und Flächungen, die mit orientalischen Rankenmustern geschmückt sind. Biblische oder zelebrative Inschriften dekorieren den Raum: rechts sieht man eine Inschrift zur Erinnerung an den Besuch des Königs Vittorio Emanuele III. In den beiden Seitenabschnitten sind zwei alte Aronòth eingefügt: der Aròn rechts ist eigentlich recht bescheiden, er zeigt eine Einfassung von zwei kleinen Säulchen mit einem Architrav und stammt aus der zerstörten Scola Siciliana, datiert 1586. Der zweite, links, ist schon wesentlich komplexer: seine

Rom. Der Tempio Spagnolo: der Aròn.

Säulen auf hohem Sockel und der geschwungene Architrav wurden aus verschiedenen Elementen zusammenkomponiert.

Für die erstaunliche Helligkeit des Raumes sorgt die große **Kuppel**. Sie ruht auf einer viereckigen Trommel, die von einem massiven, reichverzierten Architrav getragen wird, der wiederum auf vier gewaltigen Pfeilern ruht. Die Trommel hat drei Fenster auf jeder Seite, die reich gerahmt und von einem schön gestalteten Fries gekrönt werden, aus dem sich die Kuppel herausentwickelt. Das Kuppelinnendach zeigt ein Muster aus vielfarbigen Schuppen, die sich auf die zentrale viereckige Laterne hinbewegen.

Diese überreiche Deckendekoration hat ihr Pendant in der prachtvollen Fußbodengestaltung, die ein geometrisches Muster aufweist, und vor allem in der Gestaltung der **Apsis** des Aròn. Sie wird von zwei großen gekehlten Pfeilern eingegrenzt, die in der Mitte von großen Medaillons unterbrochen werden und in einer komplizierten Kapitell-Struktur ausgehen, mit Säulchen und großen Voluten. Die Apsis selbst, der Struktur nach ein halbes Sechseck, umfaßt die massive Konstruktion des Aròn. Die Stirnwand ist deutlich dreigegliedert: der untere Teil ist glatt, der zweite mit Lisenen geziert, in deren Flächungen jeweils eine Menoràh und ein Medaillon mit Bibelsprüchen zu sehen ist – mit Ausnahme der mittleren Flächung, – und die letzte Abteilung der Wand ist wieder ein Schmuckstreifen mit einer Inschrift in der zentralen Flächung. Der Aròn wird von einer reichdekorierten Struktur überdacht: sechs assyrische Säulen mit großen Voluten und einem goldenen Fries ruhen auf einem Sockel von fünf Stufen und tragen einen Architrav mit einem Tympanon, das beinahe an die Außenfassade des Tempels erinnert. In der Mitte liest man, neben der Lobpreisung des Namen Gottes den Satz: «Wisse vor Wem du stehst». Darüber, zwischen allerlei Zierat, die Tafeln des Gesetzes und die Krone.

Die Bimàh ist hingegen ein relativ einfaches Pult aus Holz, die in die Tribüne rund um den Aròn eingelassen ist. Das Podium ist um acht Stufen erhöht und wird von einer Balustrade mit kleinen Säulen und Gittern eingefaßt. Marmorne Flächungen, Kapitelle, Kandelaber, Leuchter ergänzen den Schmuck der Struktur, während die Kanzel für Ansprachen und Predigten weiter links, unter dieser Tribüne untergebracht ist.

Das Ganze ist zwar reichlich exotisch, imponiert aber durch eine feierliche Würde, die es ausstrahlt.

In den anliegenden Räumlichkeiten des Tempels ist unter anderem auch die **Scola Spagnola** untergebracht worden. Man erreicht sie über eine Reihe von Gängen, in denen allerlei Fundstücke aus der Geschichte der Gemeinde ausgestellt sind. Der Grundriß ist ein langgezogenes Rechteck, Aròn und Bimàh liegen sich an den beiden Längsseiten gegenüber. Der Aròn verdient Erwähnung: er stammt aus der zestörten **Scola** Castigliana und wird von zwei Sitzen mit Inschriften auf schwarzem Grund flankiert. Die wundervollen geschnitzten und vergoldeten Flügel sind von zwei korinthischen gekehlten Säulen eingefaßt, die auf einem polychromen Marmorsockel ruhen. Sie tragen einen Architrav mit den Tafeln des Gesetzes und einer Inschrift auf schwarzem Grund, die den Namen Gottes preist.

Der Großteil der sakralen Gegenstände der alten Gemeinde sind aber in der

MOSTRA PERMANENTE der jüdischen Gemeinde Roms ausgestellt

(Am Eingang erhält man kostenlos den Gesamtkatalog). Die Ausstellung wurde 1960 vom Präsidenten Pitigliani und dem Rabbiner Toaff gegründet. Sie ist in den Räumen des Tempels untergebracht und zeigt im Eingangssaal und in den weiteren Schaukästen eine Fülle von Dokumenten: Manuskripte und Kopien alter Stiche und Drucke, allerlei Zierrat und kostbares Silber.

Die Ausstellungsstücke sind progressiv numeriert. Im **Eingangssaal** sieht man Kopien antiker Gedenksteine und topographischer Übersichten (1-10). Darunter: zwei Marmortafeln aus den Katakomben der Via Portuese, von denen die eine an Annis erinnert, den Gerusiarken der Augustesii (1), und die vier jüdischen Symbole des Shofàr, der Menoràh, des Ethròg und des Lulàv zeigt; die andere erinnert an Maria, die «in Ehren mit dem Gatten lebte». (5)

Weiter sieht man die Inschrift, die 1962 in Ostia gefunden wurde und die auf das II.-III. nachchristliche Jh. zurückgeht, d.h. auf die Zeit des ersten Umbaus der Synagoge der Hafenstadt, und darauf liest man: «Zur Gesundheit des Imperators/baute und tat es auf eigene Kosten/ und setzte den Schrein für das Heilige Gesetz/ Mindis Faustos» (6); am Fuß der Stiege sind Abgüsse des Architravs immer der Synagoge von Ostia zu sehen, daneben ein Sockel einer Säule und ein Kapitell mit Palmblättern (7-8), immer aus den Ruinen von Ostia.

In den Schaukästen sind Kopien von Manuskripten und Drucken ausgestellt, oder Originalkodices mit der Geschichte Roms. Unter den Ablichtungen des Babylonischen Thalmüd findet sich ein Passus, der über Todos von Rom spricht, einen Gelehrten von hoher Weisheit und großem Glauben (11), sowie eine weitere interessante Stelle (13), die mit großer Bewunderung das Rom des III. Jh.s beschreibt, eine Stadt soll es gewesen sein «mit 365 Märkten, 3000 Bädern und hohen Mauern».

Unter den **Kopien hebräischer Texte** von römischen Autoren sieht man zwei Dichtungen (15-16) des berühmten Immanuel Romano, bekannt auch unter dem Namen Manoello. Er lebte zwischen dem XIII. und XIV. Jh., schrieb Sonette im «Volgare», d.h. in der «Volkssprache», Italienisch, im Gegensatz zum gelehrten Latein, daneben auch Texte in hebräischer Sprache, darunter auch eine Nachahmung der Dichtungen Dantes.

Unter den wertvollen Originalhandschriften findet sich der Pentateuchon (17-23), dann eine mit einem Targüm (einer Übersetzung ins Aramäische) (17), die der Scola Catalana gehört und bis auf das XIII. Jh. zurückgeht, ferner eine miniirte Handschrift mit Dekorationen zu Beginn jedes Parashàh (Abschnitt des Pentateuchon), die im XIV. Jh. von Isacco da Abramo in Barcellona angefertigt wurde; und schließlich die älteste Handschrift der Sammlung, in zwei Bänden, (21-22), die im frühen XIII. Jh. von Josef di Samuele in Spanien geschrieben wurde. Der zweite Band enthält die Haftaròth (Bücher der Propheten) und die fünf Megilòth (das Hohe Lied, Ruth, Esther, Klagelieder, Prediger).

Weiter sieht man eine herrliche Megilàh mit dem Buch Esther aus dem XVII. Jh. (25), mit allerlei Segenssprüchen in einer architektonischen Umrahmung, die von Giacobbe da Castelnuovo miniirt wurde, und das Autograph (25/A) von drei Bänden mit 30 Sonetten des bekannten Dichters Crescenzo del Monte (gest. 1935), der die jüdisch-römische Mundart als Sprache seiner Dichtungen verwendete.

Dann folgen einige Dokumente über die nationalsozialistische Schreckensherrschaft, meist über das Jahr 1943, und weiter einige sehr seltene und kostbare alte Gebetsbücher oder religiöse Werke, darunter ein Formularium des italienischen Ritus (28), das 1486 bei Soncino

erschien, und beim gleichen Verleger und im gleichen Jahr kam auch das «Buch der Gründe» (32), ein philosophisch-religiöses Werk von Josef Albo heraus. Das Leben der alten Gemeinde wird aber anschaulicher durch die wichtigsten päpstlichen Bullen oder durch alte Drucke mit Szenen aus dem jüdischen Getto dokumentiert. Da sieht man die berühmte Bulle von Paulus IV. (36), «Cum nimis absurdum», die 1555 die judenfeindlichen Bestimmungen der Gettoisierung usw. enthielt; weiter das Edikt von Klemens VIII. (39), «Caeca et obdurata Hebraeorum perdifia», das 1593 alle Juden aus den kirchenstaatlichen Besitzungen vertrieb, ausgenommen Rom, Ancona und Avignon; schließlich noch das Edikt von Gregor XIII. (41), «Sancta Mater Ecclesia», das 1584 zu den Predigten für eine mehr oder minder gewaltsame Bekehrung, «die an die Juden zu richten sei», aufrief. Unter den Drucken – an der Wand – sei ein Plan des alten Gettos von Rom (42) von Zilieff (1640) erwähnt, ferner der Druck aus dem XVI. Jh. von Vasi (46), das die Piazza Giudîa, den wichtigsten Platz des Gettos, darstellt, weiter der berühmte Brunnen, immer von der Piazza Giudîa (48), der auf der Ansicht des Falda, XVI. Jh., zu sehen ist, und schließlich noch S. Maria del Pianto (55) auf einem Gemälde Ruskins aus dem XIX. Jh. Viele schwierige Augenblicke mußte die Gemeinde meistern: einmal die Zwangspredigten, wie sie auf einem Druck aus dem XVIII. Jh. (45) oder auf einem Aquarell von H. Hess (51) aus dem XIX. Jh. zu sehen sind; dann wieder die Wut des Pöbels, wie sie auf einer Schilderung nach dem Poem des Dichters Berneri: «Il Meo Patacca» (49) zu sehen ist. Aber die Gemeinde suchte und fand immer wieder Zuflucht in ihrer Synagoge, von deren Aussehen uns eine Fotographie aus dem XIX. Jh. einen Eindruck vermittelt. (53)
Den unerschütterlichen Glauben der Gläubigen bezeugen die sakralen Gegenstände oder die kostbaren Silbersachen, Gaben der Gemeinde. Sehr schön ist ein Leuchter (56) aus Silber, 1,65 m hoch, dreifach gegliedert und relieviert, den die Familie Vivanti, deren Wappen, drei goldene Hähne, auf der Gabe zu sehen sind, der Gemeinde zum Geschenk gemacht hat. Das Werk stammt aus dem XVIII. Jh. und ist von Vanneschi signiert.
Unter den Jadòth (Lesezeichen für den Séfer) sei ein besonders schönes Stück erwähnt, das die Form eines Lulàv nachahmt, immer ein Werk von Vanneschi, XVIII. Jh., mit dem Wappen des Gebers Uzielli, zwei steigenden Löwen. Ein weiteres Stück aus vergoldetem Silber, immer aus dem XVIII. Jh., hat am Weiser einen schönen Diamanten und am ersten Knoten die Zeichen des Löwen, des Sterns und des Mondes.

Sehr reichhaltig ist die Sammlung an Zierrat für den Séfer. Unter den Rimonîn (Krönungen) (70-89) sind jene der Scola Catalana besonders schön, sie stammen aus der Mitte des XVII. Jh.s (71), zeigen die Form des Granatapfelblattes mit einem Wappen aus Kugel und Krone, das von steigenden Löwen gestützt wird. Erwähnenswert sind ferner auch die Rimonîm aus dem XIX. Jh. der Scola del Tempio (76) aus vergoldetem Silber, die jeweils den Leuchter des Sabath und die segnenden Hände des Priesters zeigen; das Ganze läuft in Blumenranken aus. Aber die Fülle an Formen ist überreich: da gibt es Laternen, Türme, Löwen und alle möglichen Symbole (74, 81, 82, 84, 86, 87) mit Blattoder Blumenschmuck; auch Turmformen mit Kandelabern oder Nischen (77, 89), oder vielgliedrigen Formen (78, 79, 85, 88), die oft von hervorragenden Goldschmieden und Meistern signiert sind, die sich den hebräischen Formen zugewandt hatten. Eine ähnliche Formenfülle findet sich bei den 'Ataròth (Kronen) (90-104) und den interessanten Halbkronen (105-114), unter denen sich Stücke aus dem XVII. Jh. finden: erwähnt sei ein wundervolles Stück aus vergoldetem Silber mit

Löwen und Kandelabern, Inschriften und bunten Steinen (93), eine Gabe der Familie Di Segni; eine weitere kleinere, mit feinen Ziselierungen und Inschriften ist ein Geschenk der Familie Del Monte (94); die Gabe der Familie Ascarelli (99) ist ein herrlich filigraniertes Stück mit Blumenmustern, Türmen und Löwen. Aber auch alle «gewöhnlichen» Stücke mit den herkömmlichen Symbolen und Dekorationen stellen einen kostbaren Schatz dar. Unter den Halbkronen bietet sich im großen und ganzen das gleiche Bild, erwähnt sei jedoch eine exzentrische Form aus dem XVIII. Jh., die ein Wappen mit einem Kamel und einem Stern zeigt. Das originelle Stück wurde eben von einer gewissen Stella Cammeo der Scola del Tempio zum Geschenk gemacht.

Beachtung verdienen auch die Krüge mit den dazugehörigen Schalen, die vom Priester für die Händewaschung vor der Erteilung des Segens benötigt werden, (115-119). Eine wunderschöne Arbeit ist ein deutsches Stück aus dem XVII.-XVIII. Jh.: der Krug ist einem Löwenmaul nachgebildet und ruht auf den Hinterpfoten des steigenden Löwen, der ein Schild mit dem Wappen der Familie Tedeschi, eine Menoräh, eine Säule trägt; die dazugehörige Schale ist ungefähr sechseckig, trägt eine Muscheldekoration und zeigt in der Mitte wieder das Motiv mit dem Löwen und der Menoräh. Daneben gibt es noch mehrere Schalen und Kelche (120-126), alles sehr feine Arbeiten, aber vor allem eine herrliche Chanukjàh (neunarmiger Leuchter) (127) als Wandleuchter, XVIII. Jh., aus getriebenem Silber mit einer reichen Dekoration aus Blumen- und Obstranken und einer alten Menoräh als Mittelarm, der sich über die restlichen acht Arme erhebt. Erwähnenswert sind auch einige Buchdeckel aus Silber für Gebetbücher (130-137), alle aus dem XVIII. Jh., die stets das Wappen der schenkenden Familie sowie reiche florale Dekoration aufweisen. Sehr schön ist ein Stück aus der Scola del Tempio (130) aus getriebenem Silber mit allerlei Blumenschmuck, Emblemen und Kronen, und in den fünf Medaillons des Rückens sieht man vier Wappen und eine Menoräh.

Etwas schlichter, aber deswegen nicht weniger interessant sind einige Mafthachòth (Schlüssel für den Schrein) (138-141) aus Silber oder Bronze, mit dem Magèn Davìd; hübsch sind auch einige **Wiegenmedaillons oder -tafeln** (141-151), sowie einige **Parokhiòth** (Vorhänge für den Aròn), (152-155), darunter eine florentinische Arbeit aus dem XVI. Jh., aus dem Besitz der Scola Catalana, die auf rotem Brokat in goldener Stickerei geometrische Muster und oben auf golden-blauem Grund die Tafeln des Gesetzes darstellt (153). Bemerkenswert ist auch eine venezianische Arbeit aus dem selben Jahrhundert, aus dem Besitz der Scola Nuova, mit einer Rahmenstickerei und einer dreigegliederten Blumenranken-Dekoration.

Dann sind noch einige **Hüllen für die Tribüne** zu sehen, meist aus Brokat oder in Stickerei (156-159), sowie verschiedene Me'ilîm (Hüllen für den Séfer) (160-167), darunter herrliche venezianische Arbeiten aus dem XVII. Jh. (162-163), aus Brokat oder Samt mit Stickereien, Emblemen und Wappen; daneben sieht man auch eine Mapàh (Abdeckung für den Séfer) (168) aus Florenz, XVI. Jh., aus rotem Satin mit Stickereien und einem Wappen mit einem Baum in der Mitte.

Vervollständigt wird die Sammlung noch durch eine Reihe von **Sesseln für Milòth** (für die Beschneidung), die auch «Sessel des Propheten Elias» genannt werden (174, 175, 176), sowie durch einige Drucke und Gemälde von geringer Wert.

Man kann sich allerdings kein genaues Bild von dieser ältesten jüdischen Gemeinde Italiens machen, ohne sich über die Juden im alten Ostia einige Gedanken zu machen. Im alten Hafen Roms kamen die Reste der vielleicht ältesten Synagoge zum Vorschein, die wir überhaupt kennen. Es lohnt sich also, sie genauer in Augenschein zu nehmen.

Rom. Die alte Synagoge in Trastevere

Rom. Der Tempel in Via Balbo

DIE JUDEN IM ANTIKEN OSTIA

Schon vor der Zerstörung des Tempels von Jerusalem (70 n. Chr.) hatten sich einzelne Gruppen von Juden in den wichtigsten Handelsstädten des Mittelmeerraumes angesiedelt. Vor allem ließen sie sich in den Häfen nieder und mischten sich dort teils mit der heidnischen Bevölkerung, teils bewahrten sie sich ihre Religion und ihre Brauchtum. Nach den blühenden Kolonien in Elefantina, Alexandrien, Antiochia und in den Häfen des nördlichen Afrika gingen die Juden daran, auch die italienischen Hafenstädte auzusteuern, gründeten eine ansehnliche Gruppe sicherlich in Aquileja (nördliche Adria) und kamen schließlich auch in den Hafen von Rom, Ostia.

Der Hafen war, nach der Legende, vom König Ankus Martius an der Stelle, wo Äneas an Land gegangen war, gegründet worden, nach archäologischen Befunden geht er auf das IV. vorchristliche Jahrhundert zurück. Er hatte anfänglich vor allem militärische Bedeutung, wurde dann aber allmählich auch ein bedeutender Handelshafen. In der Zeiten der Republik wurde er zwar vergrößert, aber erst Claudius, in der Kaiserzeit, legte den Grundstein für den systematischen Ausbau des künstlichen Hafens, den dann Nero einweihte und Trajan (II. Jh. n. Chr.) erweiterte. Ostia wurde so der Flußhafen Roms mit allen Charakteristiken der großen Seestädte: einer bunten Bevölkerung, einem lebhaften Gewimmel, großer Bautätigkeit von Häusern und Tempeln, einer Vielzahl von Religionen. In der Zeit der höchsten Blüte gab es in Ostia (I.-III. Jh. n. Chr.) viele orientalische Kulte (Serapis, Mithras usw.) und darunter auch sicherlich auch die jüdische Religion.

Bis vor einigen Jahren war die Anwesenheit der Juden in Ostia aber lediglich eine wahrscheinliche Vermutung, die nur von hebräischen Namen auf Inschriften und durch den Fund einer Lampe, wie sie die Juden verwendeten, gestützt wurde. Ein sicheres Indiz waren lediglich einige Inschriften in Porto, der von Claudius gegründeten Stadt neben Ostia, die aber unsicherer Herkunft waren, sowie ein unvollständiges Epigraph aus dem II. Jh., Das in Castel Porziano, zehn Kilometer von Hafen entfernt, gefunden wurde und das man auf folgende Weise zu lesen glaubte: «Universität der Hebräer, die ihrer Sitz in Ostia haben». Aber das alles war zu wenig. Die Entdeckung der schönen Synagoge bewies aber endgültig die Existenz einer blühenden Judenkolonie in Ostia. Wann sie sich gebildet hat, kann nicht mit Sicherheit angegeben werden, ziemlich genau aber weiß man über die inneren Zustände der Gemeinde und über die Rolle, die sie in Ostia gespielt hat, Bescheid, da man das mit dem nahen Rom vergleichen kann.

Obwohl ihnen die Schriftsteller und Intellektuellen Roms immer eher feindlich gegenüber standen, konnten sich die Juden auch in Ostia einer relativen Freizügigkeit erfreuen. Sie waren einigermaßen wohlhabend, wenn sie auch sicherlich nicht zum Adel, sondern eher zur Plebs gehört haben. Sie übten das niedene Handwerk aus, waren also Schmiede, Schneider, Metzger oder Schauspieler, vor allem aber waren es Händler, die zwar, da sie Freigelassene waren, im Besitz der zivilen Rechte waren, aber keine wichtigen Ämter bekleiden durften. Wegen der Möglichkeit, die der Hafen dem Handel bot, waren die Juden von Ostia wirtschaftlich zweifellos besser gestellt als ihre Glaubensgefährten in Rom, jedenfalls konnten sie eine herrliche Synagoge

Das antike Ostia. Gesamtansicht.

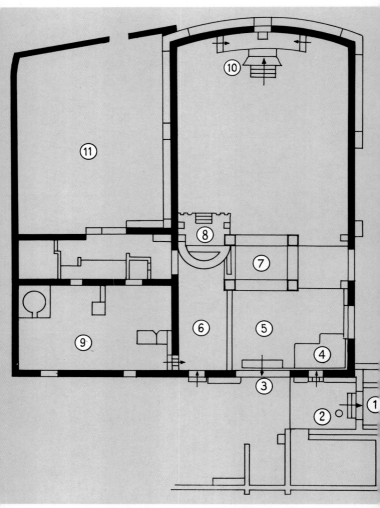

PLAN DER SYNAGOGE IM ANTIKEN OSTIA

1   Eingang von der Via Severiana
2   Abschnitt mit dem kleinen Brunnen
3   Haupteingang
4   Der Miqwéh
5   Vorderer zentraler Abschnitt
6   Frauenabteilung
7   Die vier zentralen Säulen
8   Der Aròn
9   Abschnitt mit den Ofen
10 Das Podium
11 Abschnitt mit den Bänken

Das antike Ostia. Die Synagoge: der kleine Brunnen.

Das antike Ostia. Die Synagoge: Inschrift des Mindis Faustos (Abguß).

bauen und über drei Jahrhunderte hinweg unterhalten und wenn nötig restaurieren.

Die Gemeinde muß auch ziemlich zahlreich gewesen sein, man vermutet etwa 500 Mitglieder, die wie die römische Gemeinde organisiert gewesen sein muß, aber autonom und unabhängig war. Die Gemeinde, deren geistiges Zentrum die Synagoge war, wurde von einem «Gerusiarken» geleitet und von einem Rat der «Prasbyteroi», einer Art Rat der Alten, regiert. Die Exekutive lag in den Händen der «Archonten», während die religiöse Oberhoheit dem «Archisynagogen» zustand. Er mußte die Funktionstüchtigkeit der Synagoge überwachen und den Tempelschatz verwalten. Im Grunde war er eine Art Rabbiner, fungierte aber auch als Lehrer und Richter. Diese straffe Verwaltung erklärt auch die komplizierte Weitläufigkeit der Synagoge, in der die Regierung abgewickelt wurde, und deren Reste das einzige sichere Beispiel eines frühen Synagogenbaus in Italien darstellen.

Das antike Ostia. Die Synagoge: Ansicht mit den Eingängen.

DIE SYNAGOGE DES ANTIKEN OSTIA

Die Synagoge des alten Ostia ist sicherlich die älteste heute bekannte Synagoge Europas und wahrscheinlich der Welt. Sie wurde 1961-62 im Lauf einer erfolgreichen Ausgrabung entdeckt, die das Gebiet jener Kurve untersuchte, mit der die Via Calza in die Via della Scafa einmündet. Die Identifizierung der Ruinen blieb solange ungewiß, bis zwei Architrave entdeckt wurden, auf denen unbestreitbar hebräische Symbole zu sehen waren. Der Bau enthält neben der eigentlichen Aula für die religiösen Notwendigkeiten eine Anzahl von Nebenräumen, die für die verschiedensten Zwecke gebraucht wurden, wie das im Judentum üblich ist: Studiensäle, Backofen für das Osterbrot, Raum für die rituellen Waschungen, wahrscheinlich ein kleiner Gerichtssaal für den Rabbiner. Die alte Synagoge entspricht also durchaus dem alten hebräischen Brauch, daß die Synagoge mehr als nur ein Gebetsraum war,

nämlich Zentrum und Mittelpunkt der Gemeinde. Die Mauern, die in verschiedenen Techniken aufgeführt waren, wiesen darauf hin, daß die heute sichtbare Form des Gebäudes (IV. Jh.) auf den Grundmauern eines früheren Baues stehen mußte, die allerdings einen ähnlichen Grundriß hatte und auf das I. nachchristliche Jahrhundert zurückgehen mußte. Die glückliche Auffindung einer Inschrift, die sich offensichtlich auf das frühere Gebäude bezog, aber in den Fußboden des späteren eingebaut worden war, bestätigte die Vermutung, daß auch der frühere Bau eine Synagoge war. Das Ganze ist also ein unerhörter Glücksfall: eine kleine, in «opus reticulatum» erbaute Synagoge aus dem I. Jh. n. Chr. wurde im III.-IV. Jh. nunmehr in «opus vittatum» zu einer etwas größeren Synagoge umgebaut, um die herum man die verschiedenen

Das antike Ostia. Die Synagoge: der Kultraum – Seitenansicht.

Räumlichkeiten anordnete, die für das Leben der Gemeinde nötig waren. Die ganze Struktur umfaßt etwa 1.000 Quadratmeter.

Sehen wir uns die interessante Ruine also an:

Die Lage: Die Synagoge steht am Ende des Decumanus der alten Stadt, in der Nähe des Flußufers. Sie liegt parallel zum Kai des alten Hafens und der Via Severiana, der wichtigen Uferstraße. Die Aula entspricht also dem alten Brauch, der vor allem in der Diaspora beachtet wurde, sie in die Nähe des Meeres oder eines Flusses zu plazieren, damit das Wasser für die rituellen Waschungen auf «natürliche» Weise herbeigeschafft werden konnte (und der kleine Brunnen links neben dem Eingang, über einer Zisterne, beweist das). Und zweitens bauten die Juden ihre Synagogen vornehmlich außerhalb der Stadtmauern,

um die Empfindlichkeit der Römer zu schonen, die zwar die Errichtung von religiösen jüdischen Gebäuden duldeten, sie aber doch nicht innerhalb des «Pomerium» haben wollten.

Der Eingang: Der Eingang liegt an der Via Severiana. Durch ein Tor, das von zwei Stufen betont wird, gelangt man in ein Vestibül mit langgezogenem rechteckigem Grundriß. An der rechten Seite liegen drei Eingänge: einer führt in den Kultraum, zwei in den Raum mit dem Backofen. Links erblickt man einige kleine Räume, deren Bestimmung schwer zu erkennen ist. Für den ersten, rechteckigen Raum kann man vielleicht noch sagen, daß es ein Waschraum mit einem Brunnen oder einer Wanne war, aber sicher ist es nicht. Das interessanteste Detail des Raumes ist jedoch die kurze Seite mit dem Eingang. Vor den beiden Stufen sieht man einen marmorverkleideten Sockel, der Schmucksäulen trug, die wiederum wahrscheinlich einen Protyrus formten. Hinter den Stufen erkennt man einen gepflasterten Platz, in dem eine Zisterne eingelassen ist, die man unter dem kleinen Marmorbrunnen erkennen kann. Der Brunnen zeigt eine nicht sehr regelmäßige Schlangenlinienkehlung, die aber sehr effektvoll ist und im alten Rom als Schmuck sehr verbreitet war.

Die Fassade: Die rechte Seite des Narthex wird von der Fassade der Synagoge eingenommen. Die Mauerstruktur datiert sie auf das III.-IV. Jh. n. Chr. und wie die Synagogen von Galilea hat sie drei Eingänge: der mittlere, wahrscheinlich große und monumentale Eingang führte direkt in den Kultraum, die beiden seitlichen hingegen führten in andere Abschnitte: der rechte ging in einen Raum, den man als «Miqwèh», Baderaum, erkennen kann, der linke führte in eine etwas erhöhte Aula, vermutlich ein Matronäum. Die Fassade mußte reich dekoriert gewesen sein, denn sie ist, wie alle alten Synagogen, nach Jerusalem ausgerichtet, hier also in die Richtung Süd-Süd-Ost. Das stellte den Baumeister dieser Synagoge vor das Problem, wie der Aròn auszurichten sei. Er plazierte ihn dann in der Mitte der Aula, auf der linken Seite, mit dem Rücken zum Eingang.

Die beiden Bauten: Ehe wir mit der Besichtigung der eigentlichen Aula beginnen, sollten wir uns noch einen Augenblick Gedanken über die Tatsache machen, daß wir es in Wirklichkeit mit zwei Bauwerken zu tun haben, die auf verschiedene Zeiten zurückgehen. Die heute sichtbare Aula mit rechteckigem Grundriß und leicht gekrümmter Stirnwand stammt, wie wir wissen, aus einem Umbau des früheren Gebäudes her. Die Datierung ist durch die verschiedene Mauertechnik genau möglich.

Das erste Gebäude ist in «opus reticulatum» aufgeführt, d.h. in einem Verband, der in einem Neigungswinkel von 45° zu einer Art stumpfen Pyramide aufgeführt wurde; diese Mauertechnik war in Ostia im I. Jh. n. Chr. üblich. Das zweite Gebäude zeigt hingegen das «opus vittatum», d.h. einen Verband aus Tuffquadern, der in geraden horizontalen Linien verlegt wurde, und auf die Zeit des III.-IV. Jh.s n. Chr. zurückgeht, als diese Technik in Ostia verbreitet war. Der erste Bau hatte eine etwas kleinere Aula als der jetzige, der zweite hat nicht nur eine größere Aula, sondern auch eine Menge Nebengebäude. Das Ganze ist das einzige bekannte Beispiel von zwei übereinandergebauten Synagogen in der Diaspora.

Das Gebäude aus dem I. Jh.: Die Aula, die mit der Lage der heutigen

Das antike Ostia. Die Synagoge: der Aròn.

übereinstimmt, hatte eine Art Atrium-Vestibül, von dem noch der Fußboden aus gestampftem Lehm und die Spuren der Bänke, die längs der Wände verliefen, zu sehen sind. Jede innere Abteilung hingegen stammt aus späterer Zeit. Die Aula sah im großen und ganzen so aus wie heute, mit den vier Säulen in der Mitte, die aber näher beieinander standen, wahrscheinlich wegen eines monumentalen Einganges, und mit Bänken für die Gläubigen an den Wänden. Vom Aròn gibt es keine der heute sichtbaren Struktur vergleichbare Spur. Er war also ziemlich sicher beweglich, das geht auch aus einer Inschrift hervor, die im Fußboden der zweiten Synagoge eingelassen war, sich aber auf die erste bezogen ist und die folgendermaßen lautet (der erste Vers ist in Latein, die übrigen auf Griechisch abgefaßt):

«Zum Wohle des Kaisers/
erbaute und tat es auf eigene Kosten/
und den Schrein setzte nieder für das Heilige Gesetz/
Mindis Faustos».

Für «Schrein» verwendet die Inschrift nun den griechischen Ausdruck «Kibotòs», was einen hölzernen Schrein bezeichnet, und also kann vermutet werden, daß der Aròn tragbar war. Die Inschrift, wahrscheinlich aus dem II. Jh. n. Chr., besagt deutlich, daß es sich bei dem Bau um eine Synagoge handelte, und nebenbei nennt sie uns auch den Namen eines Vornehmen aus jener Zeit, esist der einzige bekannte Name eines Juden aus der Gemeinde von Ostia.

Die Synagoge des IV. Jh.s, die Aula: Die Außenstrukturen der Aula entsprechen im großen und ganzen der älteren Aula, wenn die Mauern auch mit Pfeilern verstärkt sind oder teilweise auch durch Mauerwerk verdoppelt. Gänzlich anders ist aber die Inneneinteilung: der Fußboden hat zwei verschiedene Niveaus, und anscheinend war also die Aula bei den vier Säulen zweigeteilt. Der tiefere Fußboden hat eine Mosaikdekoration, der höhere eine Marmorverkleidung. Die Aula hat also einen Eingangsteil, der dreigegliedert ist, ein architektonisches Abteilungselement in Form der vier Säulen und des Podiums für die Thorah und einen hinteren Teil, der keinerlei Unterteilungen mehr aufweist. Betrachten wir nun diese einzelnen Abteilungen:

Der Eingangsteil, der zwischen Eingang und den Säulen liegt, ist durch zwei steinerne Balustraden in drei Abschnitte gegliedert. Die Einteilung geht auf das II.-III. Jh. zurück, als die Synagoge umgebaut wurde.

Die linke Abteilung bildet beinahe einen eigenen kleinen Raum, eingeschlossen zwischen dem linken Eingang in die Synagoge, der Wand, die zum Ofenraum gehört und der Apsis des Aròn. Der Fußboden ist erhöht, aus weißem Mosaik mit einer schwarzen, einfassenden Schmuckbänderung. Da die Frauen in den antiken Synagogen von den Männern getrennt waren und meist in einer «Predella», die in die Aula blickte, oder auf einer Galerie Platz nehmen mußten, liegt die Vermutung nahe, daß dieser «Korridor» ein Frauenraum war, in dem die Jüdinnen von außen an den Zerimonien in der Aula teilnehmen durften.

Die rechte Abteilung, die zwei Stufen tiefer liegt, ist ebenfalls von der Aula durch eine kleine Mauerbalustrade getrennt. Das Mauerwerk zeigt das «opus reticulatum» mit Ausnahme der Träger und der Ecke, die in «opus vittatum» augeführt sind. Die Balustrade hat eine Marmorverkleidung und eine vorstehende Basis; der gut erhaltene Boden ist stark geneigt und formt eine Wanne, aus Mosaik, deren Rosenmotiv im hebräischen Raum sehr verbreitet war. Wir haben es hier also mit einem Miqwéh zu tun, mit dem Raum für das rituelle Bad. Das Wasser kam aus dem kleinen Brunnen oder wurde den vielen Behältern entnommen, die man in den nebengelegenen Räumen sieht.

Die mittlere Abteilung schließlich ist die unbedeutendste, wenn es auch die einzige ist, die unter den Saülen hindurch in die Aula selbst führte. Der Mosaikboden ist nicht erhalten geblieben, außer einem kleinen Detail in der Nähe des Einganges: dargestellt ist ein Tuch mit einem Kelch und einer nicht klar erkennbaren Figur, wenn es auch wahrscheinlich ein Brot sein soll, da Kelch und Brot zur Zerimonie des Qidùsh (= Weihe) gehört.

Die vier Säulen, die ziemlich genau auf dem gleichen Fleck stehen, wo auch jene der alten Synagoge standen, sind 4,70 m hoch, aus grauweißem Marmor mit leichter Neigung und korinthischen Kapitellen aus weißem Marmor, deren effektvolles Chiaroscuro eine Meisterhand verraten. Ihre Funktion ist nicht ganz klar: wahrscheinlich formten sie einen monumentalen Eingang in den eingentlichen Kultsaal. Die Vermutung, daß sie zusammen mit zwei weiteren Säulen, die später entdeckt wurden, eine Abteilung des Raumes in drei Schiffe besorgt hätten, vermag nicht recht zu überzeugen, da eine solche architektonische Lösung bei vergleichbaren Synagogen aus jener Zeit völlig unbekannt war.

Nach dem Säuleneingang, gleich links, befindet sich der Aròn, sicherlich die merkwürdigste Struktur des ganzen Baues: vier Stufen führen zu einem Podium in «opus sectile» hinauf, hinter dem sich eine nach Süd-Osten ausgerichtete Apsis öffnet. Sie ist aus «opus vittatum» errichtet und wird von zwei Pfeilern abgeschlossen. Das Ganze wird von zwei leicht konischen Säulen mit Kapitellen im Kompositum-Stil geschmückt. Zwischen den Schmucksäulen und den Tragpfeilern der Apsis sieht man einen Architrav mit dem Schmuckfries, auf dem die hebräischen Sumbole entdeckt wurden. Es handelt sich hier sicherlich um den interessantesten Teil des Bauwerkes: die Architrave hatten früher ziemlich sicher eine andere Bestimmung, erhielten eine relativ flache Rahmenstruktur und weisen innen zwei rechteckige Einbuchtungen auf, die vermutlich einen hölzernen Querbalken aufnehmen sollten, an dem wahrscheinlich die Parokhèt (Vorhang für den Aròn) herabhing. An den Enden finden sich die hebräischen Symbole: eine Menoräh (siebenarmiger Leuchter), Symbol des Judentums, ein Shofàr (Widderhorn), mit dem die Gläubigen zum Gebet gerufen wurden, ein Lulàv (Palmzweig) und ein Ethròg (Zedernfurcht), die beide mit dem Laubhüttenfest (Sukòth) in Zusammenhang stehen. Die Figuren sind eher kunstlos gefertigt, in grobem Flachrelief, jede Zeichnung ist auf das Exentielle beschränkt, aber sie waren früher vergoldet. Der Aròn, so originell die architektonische Lösung auch ist, entspricht dem alten Brauch der Ausrichtung des Altars nach Jerusalem, und da er in ein offensichtlich früheres Gebäude eingefügt worden ist, erklärt sich diese Verlegenheitslösung.

Hinter den vier Säulen öffnet sich nun endgültig die eigentliche **Aula.** Die Wände waren verkleidet, der Fußboden bestand aus bunter, in geometrischen Mustern verlegten Fliesen. An der geschwungenen Stirnwand befindet sich ein Podium, das anscheinend später erbaut wurde, und das sowohl von vorn wie auch von der Seite zugänglich ist. Es kann die alte Bimàh der Synagoge gewesen sein, aber auch die Tribüne für die Vornehmen der Gemeinde. Der Raum strahlte, wenn man sich die Wände ganz rekonstruiert vorstellt, eine feierliche Unbeweglichkeit aus, ohne jedes Lichtspiel, Symbol der ewigen Unveränderlichkeit des jüdischen Gottes. Deswegen ist die Vermutung, die beiden verstreut gefundenen Säulen teilten diesen statischen Raum ab, äußerst unwahrscheinlich. Vielmehr muß man annehmen, daß sie zum Schmuck des Podiums gehört haben.

Die Seitenräume: Um die Aula herum sind verschiedene Räume angeordnet, wie das bei allen alten Synagogen üblich war. Diese Räume waren zwar keine Kulträume, dieten aber immer religiösen Zwecken.

Interessant sind folgende Räume: der Raum links der Synagogenfassade. Er ist ziemlich groß, rechteckig und stammt schon vom ersten Gebäude. Er wurde jedoch umgebaut, ein Eingang wurde zugemauert, davor ein großer Tisch mit einer marmornen Platte aufgestellt, in die gegenüberliegende Ecke kam ein großer Backofen mit einer komplexen Wölbung darüber. Der ursprüngliche Fußboden aus weiß-schwarzem Mosaik wurde durch einen groben Belag aus Kalk und gestampfter Erde ersetzt. Hier haben wir es offensichtlich mit einem Backraum zu tun, in dem das Sauerbrot für die Gemeinde, und vielleicht auch noch für andere Gemeinden in der Nähe, für das Osterfest (Pésach) zubereitet wurde.

Neben diesem Raum liegt ein zweiter, auch ziemlich weitläufiger Saal, den man über einen Korridor und einen Eingang, der hinter dem Aròn liegt, erreicht. Der Korridor hatte Bänke an der Wand, er war also augenscheinlich nicht nur Durchgangs-, sondern auch Warteraum.

Dann betritt man jenen großen Saal neben dem Kultraum. Er wurde im III.-IV. Jh. errichtet. Längs der Wände verlaufen Bänke und der Fußboden zeigt Spuren eines früheren Mosaikbelags. Es handelt sich um einen **Studien- und Versammlungsraum**, wo die Gläubigen zusammenkamen, um unter Anleitung eines Lehrers Thorahstudien zu treiben. Hinter diesem Raum liegen noch weitere Zimmer. Darunter ist auch eines mit großem Eingang und Bänken an den Wänden. Von hier aus wiederum gelangt man in ein rechteckiges Zimmer, in dessen Wände jeweils ein Sitz eingelassen ist. Handelt es sich hier, wie vermutet wird, um ein «Beth Din» (rabbinisches Gericht), so bietet die antike Synagoge von Ostia tatsächlich ein Musterbeispiel einer Synagoge, die als geistiges Zentrum einer hebräischen Gemeinde fungiert.

HEBRÄISCHE WÖRTER, DIE IM TEXT VERWENDET WERDEN

Aròn	Der Heilige Schrein, in dem die Thoràhrollen verwahrt werden.
Ashkenasisch	Deutsch, deutscher Jude oder Jude, der nach deutschem Ritus zelebriert.
'ataràh	Krone, Zierrat für die Thoràhrollen.
Beth Din	Haus des Gerichts, Tribunal.
Beth ha Kenéseth	Haus der Versammlung, Synagoge.
(Beth) Midràsh	Haus der Bibelstudiums, Rabbiner-Seminar.
Bimàh	Podium, Tribüne für den Priester.
Chanukàh	Tempelweihefest. Wird am 25 Kislèw (Dezember) gefeiert, erinnert an die Heldentat der Makkabäer und wird durch das Entzünden des neunarmigen Leuchters gefeiert.
Chanukjàh	Neunarmiger Leuchter, der am Fest der Chanukàh entzündet wird.
Chazàn	Kantor, Synagogendiener.
Chupàh	Baldachin für das Brautpaar.
Elùl	Hebräischer Monat: August-September.
'Ethròg	Zedernfrucht. Symbol des Laubhüttenfestes (Sukòth).
Haftaròth	Texte der Propheten, die nach der Lesung des Séfer vorgetragen werden.
làd	Hand. Lesezeichen für den Séfer.
Ieshivàh	Akademie. Hohe Schule für religiöse Studien.
Kéther	Krone. Zeichen der Majestät.
Kethubòth	Heiratsvertrag.
Lulàv	Palmzweig. Zusammen mit dem Ethròg Symbol des Laubhüttenfestes (Sukòth).
Mafthachòth	Schlüssel für den Heiligen Schrein.
Magèn Davîd	Schild Davids, der sechszackige Stern, ein typisches Symbol des Judentums.
Mapàh	Turch, um den Séfer einzuhüllen.
Mazàh	Sauerbrot, das in der Osterwoche (Pésach) acht Tage lang gegessen wird.
Megilàh	Rolle. Meist ist es die Rolle mit dem Buch Esther. Unter den «Chamèsh Megilòth», den Fünf Büchern, versteht man: das Hohe Lied, Ruth, Klagelieder, Predigten, Esther.
Me'il	Hülle, Mantel für die Rollen des Séfer.
Menoràh	Siebenarmiger Leuchter, das bekannteste Symbol des Judentums.
Milàh	Beschneidung; sie wurde meist acht Tage nach der Geburt vorgenommen.

Miqwéh	Bad, Wanne, wo man die vorgeschriebenen rituellen Waschungen für die Reinigung vornimmt.
Ner Thamîd	Ewiges Licht, das vor jedem Aròn brennt.
Parashàh	Abschnitt des Pentateuch, nach der traditionellen Einteilung zur Vorlesung in der Synagoge.
Parnàs	Oberaufseher der Synagoge.
Paròkheth	Vorhang, der vor den Aròn gezogen wird.
Pésach	Das jüdische Osterfest, das am 15. Nisàn (April) gefeiert wird, zur Erinnerung an den Auszug aus Ägypten.
Purîm	Fest der Lose. Es wird am 14. Adàr (Februar-März) gefeiert, zur Erinnerung an die Errettung durch Esther vor dem grausamen Perser Haman.
Qidùsh	Weihe. Man zelebriert sie mit einem Becher Wein, über den die vorgeschriebenen Segenssprüche gesprochen werden.
Rimòn	Zinne. Verschlußschmuck für den Séfer.
Rosh ha Shanàh	Neujahr, fällt auf den I. Thishrî (Sept.-Okt.).
Sephardisch	Spanisch, spanischer Ritus.
Séfer	Buch, meist auch: die Rollen der Thorah.
Shadài	Der Allmächtige. Man findet es in Medaillons in den Wiegen der Neugeborenen.
Shalòm	Friede. Der meistgebrauchte jüdische Gruß.
Shofàr	Widderhorn. Sein Ruf mahnt zum Gottesdienst.
Simchàt Thoràh	Freude der Thoràh. Spruch zu Beginn und am Ende der Lesung aus der Thoràh.
Sukòth	Laubhüttenfest. Beginnt am 15. Thishrî (Sept.-Okt.), erinnert an den Ackerbau und an die Juden in der Wüste.
Targùm	Die Übersetzung des Pentateuch ins Aramäische.
Tas	Schmuckschild für den Séfer.
Thalmùd	Die Traditionen und Überlieferungen der rabbinischen Weisheit über die Thoràh.
Thalmùd Thoràh	Jüdische, religiöse Schule.
Thevàh	Allgemein gebräuchlicher Ausdruck für Bimàh.
Thîq	Hülle für die Rollen der Thoràh.
Thoràh	Das Gesetz. (Wörtlich: Lehre). Die Vorschriften, die das jüdische Leben regeln.

ÖFFNUNGSZEITEN DER SYNAGOGEN UND MUSEEN

VENEDIG:

9,30-12,30
14,30-18,30
Samstags und an jüdischen Feiertagen geschlossen.
Adresse: Uffici della Comunità,
Ghetto Vecchio 1188 - Tel.: 715012.

FLORENZ:

9-12,30
15-18,30
Samstags und an jüdischen Feiertagen geschlossen.
Kostenloser Eintritt.
Adresse: Uffici della Comunità
Via Farini 4 - Tel. 245252

LIVORNO:

8,30-12,30
15,30-18,30
Samstags und an jüdischen Feiertagen geschlossen.
Kostenloser Eintritt.
Adresse: Uffici della Comunità
Via del Tempio 3 - Tel. 24290

ROM:

Durchgehend geöffnet von 10 bis 18; samstags und an jüdischen
Feiertagen geschlossen. Kostenloser Eintritt.
Adresse: Lungotevere Cenci - Tel. 655051/2/3.

OSTIA:

Durchgehend geöffnet von 10 bis 17; montags geschlossen.

INHALTSVERZEICHNIS

Neuauflage: Oktober 1984